상 담 기 법 영 역 1

학교상담 컨설테이션

김동일 · 이명경 공저

상담학 Best Practice 시리즈

학지사

이 책은 한국학술진흥재단의 지원(KRF-2005-005-J16701)을 받아 수행된 것임.

발간사

"상담학은 상담에 관한 이론 연구뿐만 아니라 그 실천에 대한 연구 또한 중요하다."라는 명제에 대해 대부분의 상담학도들이 동의하리라 생각된다. 현재 우리나라에는 이미 수백 명의 상담학 전문가가 활동 중에 있으며 수천 명의 학생들이 전문가가 되기 위한 수련을 하고 있다. 우리 상담전문가들은 청소년, 교육, 복지, 기업, 군대, 법원, 진로개발 등 여러 분야에서 전문적 활동을 하면서 국가와 사회에 공헌하고 있다. 상담의 실제는 이미 다양한 분야와 영역에 걸쳐서 발전을 하고 있는 것이다.

'상담학 Best Practice 시리즈'는 실제 상담현장에서 수고하는 많은 상담전문가들의 실천 경험을 기반으로 하여 기존의 상담학 교재들의 이론 중심 내용에서 벗어나, 보다 실제적이고 상담현장에서 쉽게 적용해 볼 수 있는 사례중심의 실천적 상담교재라 할 수 있다. 상담학 Best Practice 시리즈는 상담기법 영역, 상담문제 영역, 상담 프로그램 영역, 상담자

전문성개발 영역 등 총 4개 영역으로 구성되었다. 이론보다는 실제 사례를 통해 이론과 기법들이 사례에 어떻게 적용되는지 그 과정과 절차를 자세히 기술하여 상담자들의 실천적 지식을 높이고자 하였으므로, 상담학에 입문한 전공자나 학교 현장의 전문상담교사 그리고 전국의 청소년상담센터 상담전문가들에게 실제적인 도움이 될 수 있을 것이다.

이 시리즈는 한국상담학계에서 활발히 활동하고 있는 상담학 교수 및 박사들로 구성된 각 영역의 전문가들이 힘을 모아서 집필한 결실이다. 이 시리즈가 출간될 수 있도록 애써 주신 집필진 모두에게 편집위원회를 대표하여 진심으로 고마움을 전한다. 아울러 상담학 Best Practice 시리즈가 출간될 수 있도록 아낌없이 지원해 주신 학지사 김진환 사장님과 최임배 편집부장님을 비롯한 관계자 여러분께도 감사드린다.

2007년

상담학 Best Practice 시리즈 편집위원회 위원장

김계현

머리말

학교상담 전문가는 3C, 즉 상담(Counseling), 자문(Consultation), 조정(Coordination) 활동을 수행하게 된다. 학교상담의 역사가 비교적 길지 않은 우리나라에서는 학교상담 전문가의 역할이 직접적인 학생상담에 초점화가 되어 왔었으나 점차 자문이나 조정에 대한 관심이 요구되고 있다.

컨설테이션, 즉 학교상담에서의 자문은 학교 안의 전문상담교사(순회상담교사, 특수교사)나 학교 밖의 청소년 상담전문가가 학생과 직접적인 대면상담을 진행하기보다는 담임교사나 교과담당 교사를 도와, 이들이 학생상담을 할 수 있도록 하는 일종의 매개적 상담 모델이다. 학교상담에서의 컨설테이션을 통해 전문상담교사나 상담전문가에 비해 학생과의 일상적인 접촉의 빈도가 높은 일반교사가 상담을 진행하기 때문에 학생들이 쉽게 상담에 참여할 수 있고, 상담에 대한 부담이나 두려움을 줄일 수 있는 장점이 있다. 또한 전문상담교사나 상담전문가와의 협력적인 관계를 통해 도움을 받으면서 학생을 전문적으로 상담하는 과정을 경험한 일반교사는 학생 상담에 대한 전문성을 고양할 수 있다. 즉, 학교상담 컨설테이션은 당면한 학생문제를 해결하는 것뿐만 아니라 유사한 문제를 나타내는 다른 학생의 문제에도 더욱 전문적으로 대처할 수 있는 장점을 갖는다.

일찍이 서구에서 컨설테이션은 상담 요구에 비해 부족한 전문 인력을 보다 효율적으로 활용하기 위해 도입된 모델이다. 학교상담과 같이 많은 수의 학생을 소수의 전문가가 상담해야 하는 학교환경에서는 더욱 효용이 높다고 볼 수 있다.

하지만 국내에서는 컨설테이션에 대한 이해 부족과 실제적인 기법에 대한 소개가 제대로 이루어지지 않았다는 아쉬움에 간략하나마 이 책을 선보이게 되었다.

이 책은 학교상담 컨설테이션에 대한 이해 부족으로 학교상담 컨설테이션의 절차나 형태를 구체화하지 못하거나, 1~2학기의 짧은 기간 동안에 상담이론 위주의 교사 재교육을 통해 양성된 전문상담교사가 학교상담 컨설턴트 역할을 수행하면서 컨설테이션을 이끌 수 있는가의 문제 제기에 대한 하나의 대안을 제시하고자 기획되었다. 학교상담 장면에서 이루어지는 컨설테이션에 대한 독자의 이해를 돕기 위하여 1장과 2장은 학교상담 컨설테이션의 전반에 대해 간략하게 소개를 하고, 3장은 구체적인 컨설테이션 과정을 단계별로 제시하였다. 또한, 실제적인 기법에 대한 관심이 높은 학교상담자를 위하여 우리나라의 학교상담 장면에서 활용 가능한 대표적인 '문제해결 중심 컨설테이션 모델'을 4장에서 소개한 후, 실제 학교현장에서 적용한 사례를 5장에 제시하였다.

이 책이 집필되는 과정에 많은 분들의 도움이 있었다. 직접 컨설테이션에 참여했던 경인교대 및 서울교대 교육대학원 수강생들에게 고마운 마음을 전한다. 특히, 귀한 배움의 기회를 나눈 김지연, 홍성미 선생님께 깊은 감사를 드린다. 아울러 'Best Practice 시리즈'를 통해 상담학의 실용적 지식을 엮는 역사적 작업을 함께해 준 학지사 임직원 여러분께도 감사를 드린다.

학교상담 컨설테이션을 위한 제도적 뒷받침이 부족한 현실에서, 현장에서의 활용 정도는 개별 학교의 사정에 따라 다소 차이를 보일 수 있으리라 생각되지만, 이 책이 학교상담자의 전문성을 높이고 컨설테이션에 대한 관심과 Best Practice를 펼치는 데 미약하나마 도움이 되기를 간절히 바란다.

2007년 11월

김동일, 이명경

차 례

1장 컨설테이션 11

2장 컨설테이션의 이해 19

1. 정의 및 특징 ▪ 19
2. 컨설테이션의 효용 ▪ 25
3. 컨설테이션과 다른 활동의 구분 ▪ 27
4. 컨설테이션의 목표 ▪ 30
5. 컨설테이션의 효과성 연구 결과 ▪ 31
6. 컨설테이션의 구분 ▪ 35
7. 대표적 컨설테이션 모델 ▪ 39

3장 컨설테이션 절차 49

1. 사전활동 ▪ 49
2. 초기 면접 ▪ 51

3. 평가 및 진단 ▪ 55
4. 개 입 ▪ 60
5. 종 결 ▪ 62

4장 문제해결 중심 컨설테이션 모델 67

1. 문제정의 ▪ 72
2. 문제분석 ▪ 76
3. 개입평가 ▪ 78

5장 학교현장 적용사례 81

1. 사례 1 ▪ 81
2. 사례 2 ▪ 111

참고문헌 / 177
찾아보기 / 187

1 컨설테이션

경영이나 행정, 의료 분야에서의 컨설팅은 매우 많이 알려져 있지만 학교상담에서 컨설테이션(consultation)은 다소 생소하다. 기업이 당면한 위기를 타개하기 위한 대안으로 조직의 생산성이나 효율성을 높이기 위해 전문 컨설팅 업체에 의뢰하거나 합병증을 가진 환자의 진단과 치료를 위해 서로 다른 분야의 전문의들이 협의를 하는 등이 대표적인 컨설테이션 사례다.

컨설테이션은 정보화 사회, 지식기반사회로 불리는 20세기 후반 이후부터 더욱 복잡다단해진 사회 구조와 빠르게 변화하는 시대의 흐름으로 인해 그 필요성이 증대되고 있다. 지식과 정보의 중요성은 더욱 확대되었지만 사회의 급속한 변화로 인해 어느 개인이나 조직도 필요한 모든 지식과 정보를 모두 소유할 수 없기 때문에 더 나은 문제 해결을 위해서는 보다 전문적이고 세부적인 지식과 정보를 가지고 있는 개인이나 조직의 자문을 필요로 하는 것이다.

이러한 흐름은 교육 조직에도 영향을 미쳐 최근 진동섭(2002)은 학교 개혁의 새로운 접근방법으로서 학교 컨설팅을 주장하였다. 수업지도, 학급관리, 생활지도, 교무분장 업무 등 교사가 수행해야 하는 과업이 보다 전문화되고 지속적인 변화를 요구하기 때문에 과거 지식이나 개인적인 경험에 의존할 경우 교사의 전문성이 저하될 수밖에 없다는 것이다.

학교상담 컨설테이션 역시 같은 맥락에서 필요성이 제기되고 있다. 학교상담은 상담자인 교사가 내담자인 학생과의 인간적인 만남을 통해 학생의 개인적 성장을 돕고 학교생활과 관련된 제반 문제의 예방과 해결을 제공하는 일련의 전문적 교육활동이다. 학교상담은 상담이 이루어진 장소를 기준으로 붙여진 용어로(김계현 외, 2000: 22), 상담기관에서 이루어지는 상담활동과 구분되는 다음의 특징을 지니고 있다(Maher & Springer, 1989).

첫째, 학교상담은 모든 교사가 담당한다. 일선 학교 중에는 일정한 자격을 갖춘 상담교사가 있지만 담임교사와 교과담당 교사 역시 상담자 역할을 수행한다. 전문적 지식을 요구하는 심리적 문제는 상담교사가 담당하더라도 학습문제나 진로문제와 같은 교육적 조력이 필요한 문제는 담임교사나 교과담당 교사가 수행하는 것이 효율적이다.

둘째, 학교상담은 모든 학생을 대상으로 한다. 학교상담은 문제 행동이나 부적응 행동뿐만 아니라 발달과업 촉진과 성장 등에도 초점을 맞춘다. 이 때문에 자발적 내담자뿐만 아니라 비자발적 내담자도 포함한다.

셋째, 학교상담은 당면한 문제해결이나 사후처리보다도 문제의 예방과 개인의 성장에 초점을 맞춘다. 학교상담은 학생 개개인이 가지고 있는 고유성과 잠재력을 최대화하고 성장욕구와 자아실현의 욕구를 충족시키는 역할을 해야 한다.

넷째, 학교상담은 학교교육과 관련된 구체적인 문제들을 다룬다. 학교상담은 학생들의 전반적인 학교생활 적응을 위하여 학습, 진로, 대인관계, 성격, 비행, 성 등의 문제를 포함한다.

다섯째, 학교상담은 개인상담뿐만 아니라 집단상담을 적극적으로 활용한다. 소수의 교사와 다수의 학생으로 구성된 학교장면에서는 개인상담보다는 집단상담이 효율적이며, 성장과 예방에 초점을 맞춘 상담 역시 집단상담의 형태가 더욱 효과적이다.

여섯째, 학교상담은 학부모 및 지역사회와의 연계활동을 필요로 한다. 미성년인 학생들을 상담하기 위해서는 학부모의 조력이 뒷받침되어야 하며, 청소년선도위원회, 종교기관, 경찰, 법원 등의 협조가 필요한 경우도 있다.

일곱째, 학교상담은 전문적 활동이다. 교사가 학생상담을 하기 위해서는 필요한 지식과 방법을 체계적으로 습득해야 하며 이를 위해 교육과 연수가 뒷받침되어야 한다.

정리하면, 학교상담은 문제해결뿐만 아니라 예방에 초점을 두어 전체 학생을 대상으로 모든 교사에 의해 이루어지는 전문적인 활동으로, 심리상담 전문가나 정신과 의사의 심리상담과 구분되는 특징을 지니고 있다.

특히, 학교상담에서의 상담자 역할은 담임교사를 비롯하여 일반교사가 담당해야 하는 경우가 많다. 이는 학교상담자가 배치되어 있는 학교의 경우에도 마찬가지다. 특히, 초등학교 상담 활동의 경우 교과수업을 진행하고, 아동의 생활을 지도하며, 학교와 학급에서의 일상화된 역할을 수행하면서 학생과의 접촉을 가장 많이 하는 존재가 담임교사이기 때문에, 담임교사가 상담의 주체이어야 함이 강조되고 있다(김명훈, 1985; 박성희, 2000). 실제로 초등교사 155명을 대상으로 조사한 연구에서도 93.6%의 교사가 전문적인 학교상담이 필요하다고 인식하면서도, 학교상담은 전문상담자(24.5%)보다 담임교사(62.6%)에 의해 이루어지는 것이 효과적이라는 응답이 많았다. 하지만 담임교사가 학교상담의 주체가 되는 경우 상담의 전문성이 문제시될 수 있다. 실제로 우리나라의 학교상담이 활발히 전개되지 못한 이유 중 하나가 학교상담이 전문적으로 이루어지지 못했기 때문이다. 즉, 학교상담을 전문적 활동으로 보지 않고 일상적인 생활지도로 간주하는 풍토에서, 교사라면 누구나 특별한 교육과 훈련을 받지 않고도 학교상담을 할 수 있어야 한다는 인식이 전문적 학교상담과 일상적 생활지도 간의 혼선을 빚어 학교상담의 활성화를 저해하는 것이다. 또한 복잡하고 빠르게 변하는 사회 변화만큼이나 아동과 청소년이 학교에서 보이는 문제 역시 갈수록 복잡하고 심각해지기 때문에 일반 담임교사가 상담자 역할을 하는 데는 한계가 따를 수밖에 없다.

아동의 행동관찰과 문제 분석, 개입의 실행에 있어서는 전문 상담교사보다 담임교사가 더 적합한 부분이 많겠지만 해결하기 힘든 문제 행동에 대해서는 전문상담교사의 조력이 필요하다.

실제로 대부분의 교사는 대학에서 학생상담과 관련된 교육을 체계적으로 받지 못하였을 뿐만 아니라, 교육을 받았더라도 실습을 포함하지 않은 이론 위주의 교육만을 받았기 때문에 학교 현장에서 실제 학생을 상담하는 데 어려움을 느끼게 된다(연문희, 2003; 이영희 & 안현미, 1997). 이 때문에 교사들은 현장에서 생활지도 및 상담과 관련해 일어나는 다양한 문제에 대한 전문적 조력을 요구하고 있다.

이는 오성철(2003)이 초등학교 교사 388명을 대상으로 실시한 설문조사에서도 확인되는데, 68.3%의 교사가 생활지도 관련 전문가 및 상담가의 지원을 필요로 하고 있었다. 생활지도와 관련해 교사가 필요로 하는 도움을 보다 구체화해 조사한 진동섭(2003)의 연구에서도 80.4%의 교사가 '문제아 및 부적응아 지도'에서 전문가의 도움이 필요하다고 응답하였을 뿐만 아니라, 각종 상담기법, 성교육방법, 진로 및 진학지도 방법에 대해서도 각각 78.9%, 71.6%, 70.0%가 도움이 필요하다고 응답해, 일반교사가 필요로 하는 생활지도 및 상담 관련 전문 영역이 존재함을 보여 주고 있다.

컨설테이션은 교사를 통한 간접적 형태의 상담모형으로,

교사가 학생을 상담할 때 상담자가 자문을 제공함으로써 전문적 상담교육을 받지 못한 교사의 전문성을 보완함과 동시에 학교라는 일상 공간에서 교사와 학생 간의 직접적인 상담이 이루어질 수 있는 장점이 있다(Kampwirth, 2003; Sheridan, Kratochwill, & Bergan, 1996). 하지만 컨설테이션이라는 다소 생소한 개념과 제도가 우리나라 학교상담에 효과적으로 자리잡기 위해서는 많은 연구와 제도가 뒷받침되어야 한다.

서구의 경우 컨설테이션 모델은, 2차 세계대전 이후 상담을 포함한 정신보건 서비스에 대한 사회적 관심 및 요구의 증가에도 불구하고 전문 상담가의 수가 부족한 현실에서, 더 많은 사람에게 보다 나은 전문 서비스를 제공하기 위해 활발히 도입된 역사를 가지고 있다(Caplan, 1970). 또한 컨설테이션은 심리적 문제를 가지고 있는 개인을 병원이나 시설에 수용하기보다는 최대한 일상적인 공동체 안에서 문제해결을 시도하는 것이 바람직하다는 사회적 합의에 바탕을 둔 것이기도 하다(Hansen, Himes, & Meier, 1990).

우리의 학교상담 역시 학령기 아동 및 청소년의 문제 행동은 다양화 · 복잡화됨에도 불구하고, 전문적 능력을 갖춘 학교상담자가 부족한 현실에 놓여 있다(송현종, 1999; 유형근, 2002; 한숙경, 2002). 그렇기 때문에 학교 내 · 외의 전문성을 지닌 상담자가 일반교사와 협력적인 관계를 맺고 함께 문제해결 방안을 도출하는 컨설테이션 모델은 보다 많은 학생이 전문상담 서비스를 받을 수 있는 효율적인 접근이 될 것이다.

또한 학교 중심의 컨설테이션은 학생의 심리적 · 발달적 문제를 학교 밖의 다른 기관(병원, 상담소 등)이 아닌 일상적인 공간, 즉 학교 안에서 해결 및 적응하도록 하는 이점도 함께 지니기 때문에 학생에게 불필요한 낙인을 찍지 않을 수 있다.

컨설테이션의 효용은 많은 연구를 통해 입증되었으며 다양한 모델의 효과가 지속적으로 검증되고 있다. 학교상담제도가 앞서 발달하고 비교적 잘 정비되어 있는 미국의 경우, 학교상담자의 주요 역할의 하나로 교사뿐만 아니라 학부모, 학교 행정가에게도 컨설테이션을 제공하는 컨설턴트 역할을 규정하고 있으며, 보다 많은 시간을 컨설테이션에 활용할 것을 촉구하고 있다. 이와 함께 학교상담자 양성을 위한 대학원 과정에도 컨설테이션을 단일 교과목 혹은 교과목의 한 부분으로 지정하여 교육하고 있으며, 상담자 양성 과정 및 자격 관련 규정에서 컨설테이션의 비중이 높아져야 한다는 주장이 설득력을 얻고 있다(Brown, 1993; Costenbader & Swartz, 1992; Gutkin, & Curtis, 1999; Randolph & Graun, 1988).

최근 진동섭(2003a)은 우리나라 학교 교육이 처한 혼란과 위기의식을 타개하기 위해서는 '학교 컨설팅'이 필요함을 주장하며 우리 현실에 적합한 학교 컨설팅 체제 구축에 대한 논의를 이끌고 있다(pp. 13-18). 교사로 하여금 자신들에게 필요한 도움을, 원하는 사람으로부터 받을 수 있도록 하는 컨설팅 제도를 통해 교사가 자신의 전문성 개발을 위해 자발적으로 참여하고 역량을 보유하여 스스로 책임지도록 하는 것이 필요하다.

또한 김동일(2004)은 학교 밖 청소년에 대한 상담 서비스 지원을 위해 학교와 지역단위 청소년 상담실 간의 연계에 기반한 컨설테이션이 필요함을 주장하고 있어, 상담자의 주요 활동의 하나로 컨설테이션이 대두되고 있다. 즉, 학교 부적응의 문제를 가지고 있거나 중도탈락의 위기에 처한 청소년에 대한 적절한 개입을 위해 지역 상담실의 상담 전문가와 협의회를 구성해서 정보제공 및 지지 등의 컨설테이션 활동을 하자는 것이다.

컨설테이션에 대한 이러한 논의는 컨설테이션에 대한 제도적 뒷받침을 마련하고 있으며, 머지않아 학교상담에서의 컨설테이션 제도도 구체화될 것으로 기대된다. 특히, 최근 시도되고 있는 순회전문상담교사 제도와 서서히 자리를 잡아 가고 있는 전문상담교사 제도에 힘입어 학교상담자의 역할과 그 효용에 대한 논의와 연구가 활발히 일어나고 있다. 컨설테이션 모델은 이러한 논의에서 핵심적인 위치를 점할 수 있을 것으로 기대된다.

2 컨설테이션의 이해

1. 정의 및 특징

컨설테이션(consultation)[1]은 서로 다른 전문 영역에 속해 있는 대등한 개인이 협력적 관계를 형성하여 개인이나 집단의 당면 문제를 해결하기 위해 공동의 전문적 조력을 하는 과정이다. 컨설테이션은 특정 영역의 기술과 지식을 가지고 있는 컨설턴트(consultant, 전문상담가)와 그와 관련된 도움을 받고자 하는 컨설티(consultee) 그리고 위기나 문제를 가지고 있는 내담자(client)의 삼자 관계가 성립한다. 컨설테이션의 대상에는 사람뿐만 아니라 조직이나 제도도 포함될 수 있지만 학교상담 영역에서는 주로 문제나 어려움을 겪고 있는 학생이 내담자가 된다.

1) 컨설테이션은 우리말로 자문, 상담 등으로 번역될 수 있다. 하지만 컨설테이션을 자문이나 상담으로 번역해서 쓸 경우, 기존의 다른 분야에서

일반적으로 상담은 상담자가 내담자와의 일대일 접촉을 통해 내담자의 문제해결 및 성장을 위해 직접적으로 개입하는 형태를 띠는 반면, 컨설테이션은 문제의 당사자인 내담자가 참여하지 않은 상태에서 컨설턴트와 컨설티가 협력적으로 문제진단 및 해결방안을 고안하고, 컨설턴트의 조력하에 컨설티가 내담자의 문제해결을 돕는 형태를 띤다. 때문에 일반상담과는 달리 내담자가 상담자를 직접 접촉하는 경우가 드물다.

즉, 컨설테이션은 컨설턴트, 컨설티, 내담자로 구성된 삼자

다양한 의미로 쓰이고 있는 자문이나 상담의 의미와 혼동될 수 있고, 전문가 간의 상호협력에 의한 문제해결이라고 하는 컨설테이션의 의미를 제대로 전달하지 못하는 문제를 낳을 수 있다. 때문에 더 적절한 대안이 나오기 전까지는 컨설테이션이라는 외래용어를 그대로 차용해서 쓰고자 한다. 컨설팅(consulting) 역시 '조언이나 정보를 구하다.' '시각을 교환하다.' 라는 뜻을 지닌 컨설트(consult)의 파생어로, 컨설테이션과 유사한 의미로 통용되고 있다(The American Heritage, 2000). 현재 우리나라에서 컨설팅은 경영, 의료, 회계, 건축, 금융, 설계, 엔지니어링, 법률 등 다양한 영역에서 활용되고 있고, 그 영역에 따라 다소 차이가 있기는 하나, 컨설테이션과 유사한 의미로 통용되고 있다. 교육분야에서도 진동섭(2003a)은 학교 컨설팅이라는 용어를 사용하였다. 하지만 컨설테이션은 컨설팅보다 과정에 좀 더 초점을 맞추고 있고, 학교 중심 컨설테이션에 대한 영어권 문헌이 거의 대부분 컨설팅보다는 컨설테이션을 쓰고 있기 때문에 새로운 개념과 원리를 도입하는 과정에서 원뜻을 훼손하는 우를 범하지 않기 위해 일단은 원어를 번역이나 변형 없이 그대로 쓰고자 한다. 단, 컨설팅이라는 용어를 주로 쓰고 있는 문헌을 인용하는 경우에 한해(주로 국내 문헌이 이에 해당함) 컨설팅이라는 용어를 함께 쓸 것이다. 차후 용어에 대한 논의가 깊어지고, 적절한 대안이 제시되기를 희망한다.

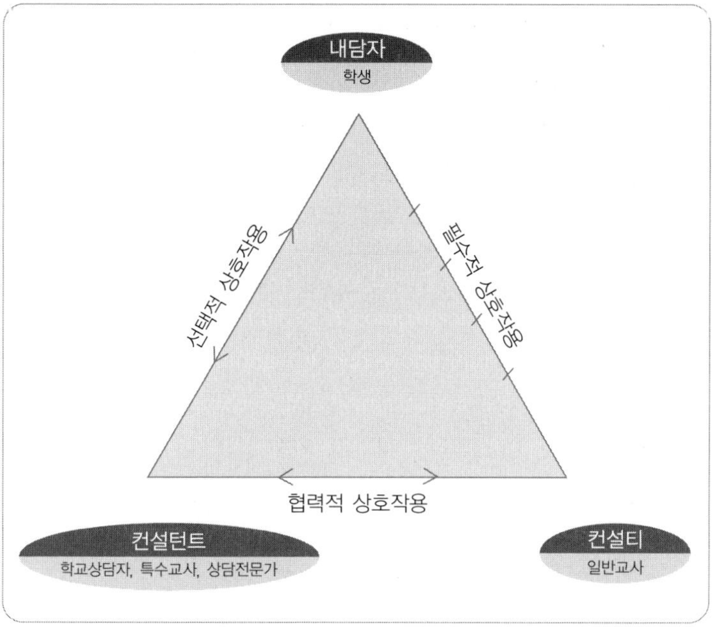

[그림 1] 컨설테이션 모델의 삼자 관계
출처: Kampwirth(2003), p. 14.

관계가 형성되며, 컨설턴트와 컨설티, 컨설티와 내담자 간의 직접적 접촉은 있지만, 컨설턴트와 내담자의 접촉은 간접적으로 이루어지게 된다. [그림 1]은 컨설테이션 모델의 삼자 관계를 도식화한 것이다.

학교상담 장면에서는 전문상담교사, 특수교사, 여타의 학습 및 행동 전문가 등이 컨설턴트의 역할을 하게 되며, 컨설티 역할을 하는 일반교사가 생활지도의 전 영역은 물론, 부적응 학생, 특수 학생, 저성취 학생 등을 효과적으로 교수할 수 있도록 간접적으로 지원할 수 있다(West & Idol, 1987). 한편 서로 다른 전문 지식을 가지고 있는 전문상담교사와 특수교사가 협력적 컨설테이션 관계를 형성할 수도 있으며, 컨설티 역시 교사뿐만 아니라 학부모, 교직원 등을 포함할 수 있다.

학교에 학교상담 전문교사나 특수교사가 있는 경우 이들이 컨설턴트의 역할을 맡을 수 있으나, 이러한 인적 자원이 학교 내부에 없거나 부족한 경우 외부의 상담전문가나 특수교육전문가가 한시적으로 학교 및 교사와의 계약하에 컨설테이션 관계를 맺을 수 있다. 이때의 컨설턴트는 교사와 대등한 관계에서 전문 지식 및 정보를 제공하거나 교육하기도 하고, 함께 문제를 진단하고 해결 전략을 고안하게 된다.

컨설티 역할을 하는 교사는 교실활동 영역의 전문가이며, 특히 문제진단과 개입방안을 고안하는 데 필요한 정보를 제공하고 실제 개입 행동을 취할 수 있는 전문성을 가지고 있기 때문에, 교사는 컨설테이션에서 다루어진 생각, 제안, 해결방안 등의 실제 적용 여부를 결정하고 그 책임 역시 맡게 된다.

컨설턴트는 문제의 진단 및 개입방안을 제안하는 것과 관련된 역할을 제공하는 반면, 컨설티는 컨설테이션 과정에서 결정된 개입 절차 및 방법을 실제 내담자, 즉 학생의 문제해결 과정에 어떻게 적용시킬지 여부를 자유롭게 결정할 수 있으며, 그에 따른 책임도 지게 된다. 컨설턴트와 내담자는 직접적 상호작용을 하지 않는 것이 보통이며, 내담자는 대개 컨설티와만 상호작용 관계를 형성하게 된다(Hansen, Himes, & Meier, 1990; Kampwirth, 2003; Sheridan, Kratochwill, &

Bergan, 1996).

일반적으로 컨설테이션은 다음과 같은 특징을 지닌다 (Gallessich, 1982, 재인용; Hansen, Himes, & Meier, 1990).

첫째, 컨설턴트는 다른 사람의 문제해결을 돕는 데 필요한 전문지식을 가지고 있는 전문가다. 학교상담 장면에서의 컨설턴트는 아동 및 청소년 상담과 학교상담에 필요한 전문지식과 경험을 갖춘 상담전문가다.

둘째, 컨설턴트는 다른 사람이나 조직과 함께 그들의 일과 관련된 문제해결을 돕는 역할을 한다. 개인적인 문제는 일에 직접적인 영향을 미칠 때만 다루어진다. 컨설테이션의 대상은 개인이라기보다는 당면한 문제이며, 문제가 해결된 후에는 개인과의 관계도 종결된다.

셋째, 컨설테이션은 간접적 서비스의 일종으로 컨설턴트는 조직 구성원을 통해서 그 조직의 고객에게 관여한다. 하지만 평가 과정에서 경우에 따라 고객을 직접 만나기도 한다. 컨설턴트로서의 상담자는 대개 내담자인 학생을 직접 만나기보다는 컨설티인 교사가 학생상담을 하는 데 필요한 지식과 태도를 컨설팅한다. 때문에 상담자와 학생의 직접적인 만남은 거의 이루어지지 않는다. 그렇지만 교사가 수행할 수 없는 심리검사 등이 요구될 때는 컨설턴트가 학생을 직접 대면할 수도 한다.

넷째, 일반적으로 컨설턴트는 조직의 외부에 존재하는 인물이고 컨설티나 조직과 한시적인 관계를 형성한다. 컨설턴트가 같은 조직과 여러 번 일을 같이할 수는 있지만, 컨설턴트의 역할과 관계는 조직 안에서만 형성되는 것이다. 학교상담 전문가가 한 학교에 1인 이상 배치되어 있는 경우는 컨설턴트가 학교 조직 내부에 속할 수 있지만, 그렇지 못한 대부분의 국내 학교의 경우 컨설턴트는 외부의 상담실이나 대학에 속한 인물일 가능성이 높다.

다섯째, 일반적으로 컨설테이션은 책임과 전문 영역이 다른 사람들 간에 일어난다. 관계는 자발적으로 형성되며, 각자 개입의 정도를 조절할 수 있다. 학교상담 장면에서 형성되는 컨설테이션 관계는 아동과 청소년의 당면 문제에 대한 전문 지식과 태도를 가지고 있는 상담전문가와 학생의 교과 및 생활을 교육하고 지도하는 데 필요한 전문적인 지식과 태도를 가지고 있는 교사에 의해 형성되며, 양쪽 모두 서로의 전문 영역을 존중한다.

여섯째, 컨설티는 모든 행위에 대한 책임을 지니고 있으며, 컨설턴트의 제안을 수락할지 여부를 결정할 수 있다. 컨설티인 교사는 컨설턴트인 상담전문가가 제안하는 문제해결 방법이 학교장면에서 적절할지 여부를 판단할 수 있고, 이에 따라 수락과 거부의 의사를 자유롭게 표현할 수 있다. 또한 교사는 자신의 선택에 대한 책임을 지게 된다.

2. 컨설테이션의 효용

전문상담자와 학생의 직접적 접촉이 아닌, 교사를 매개로 한 전문상담자와 학생 간의 간접적인 접촉 방식을 취하는 컨설테이션은 개인상담에 비해 효율성과 접근성이 높다. 전문상담자가 문제를 지닌 학생과 직접 접촉하여 문제해결에 도움을 주는 개인상담 모델의 경우, 학교상담의 수혜자는 해당 학생 한 명으로 제한된다. 하지만 컨설테이션 모델의 수혜자는 비슷한 문제를 가진 여러 학생으로 확대될 수 있다. 이는 전문상담자가 일반교사를 통해 특정 학생의 문제해결을 조력하는 컨설테이션 과정에서 일반교사에게 학생상담에 필요한 전문적 지식과 태도, 기술을 전수할 수 있기 때문이다. 즉, 컨설테이션 이후 교사는 비슷한 문제를 가진 다른 학생의 문제해결에 보다 전문적으로 대처할 수 있기 때문에 더 많은 학생들이 더 나은 전문 서비스를 받게 된다.

또한 교사는 전문상담자에 비해 학생에 대한 접근도가 높다. 학교나 교실 밖의 상담자에 비해 담임교사를 비롯한 일반교사는 학생과 보내는 시간이 상대적으로 더 많기 때문에 학생의 문제 행동을 측정하고 개입하기가 쉽다. 교사는 일상적인 교실 상황에서 문제 행동을 관찰하기 때문에 문제가 일어나는 맥락을 보다 명확히 파악하고 그것에 영향을 미치는 요소에 대한 자료도 더 잘 수집할 수 있다. 개입 역시 학생의 주요 생활공간인 학교와 교실에서 주로 이루어지기 때문에 개입 효과의 일반화를 촉진시킬 수 있다. 일반상담의 경우 상담실에서는 변화가 일어나지만 이것이 학교나 가정에서 일반화되지 않는 한계를 가지게 되는데, 학생의 주요 생활공간인 학교에서 교사가 직접 개입할 경우 일반화의 가능성이 훨씬 높아진다.

이 외에도 컨설테이션은 학생이 상담실이나 병원에서 치료를 받는 것으로 인해 느낄 수 있는 불편감과 낙인을 줄일 수 있는 장점도 있다. 상담에 대한 인식이 빠르게 변화하고 있다고는 하지만 여전히 많은 교사와 학부모가 자신의 학생과 자녀가 상담실이나 병원에서 치료받는 것을 불편하게 여긴다. 그 불편감에는 자신의 책임 범위 안에 있는 개인을 다른 전문가에게 맡기는 것과 관련된 것으로, 교사나 부모로서 자신의 역할을 충분히 하지 못하고 있다는 비난을 받을 수 있고, 다른 전문가와의 상담 과정에서 교사나 부모의 치부가 드러날지도 모른다는 불안감이 포함되어 있다. 학생 역시 학교 내의 상담실은 물론 학교 밖 상담실이나 병원에서 상담을 받는 것이 자신에게 심각한 문제가 있는 것으로 비춰질 수 있다는 것에 대한 불편감을 가질 수 있고 주변 사람들에게도 낙인으로 작용할 수 있다. 컨설테이션은 학생이 전문상담자와 직접 접촉하지 않고 교사를 통해 간접 접촉하기 때문에 이러한 불편감과 낙인을 줄이는 데 효과적이다.

3. 컨설테이션과 다른 활동의 구분

컨설테이션은 슈퍼비전, 교수, 협력, 상담 등과 유사한 활동을 하지만 그것들과 구분되는 독특성을 지니고 있다. 컨설테이션을 보다 명확히 이해하기 위해 그 차이를 살펴보자.

먼저 컨설테이션은 책임의 범위와 한도, 관계의 대등성 면에서 슈퍼비전과 차이를 보인다. 컨설테이션은 모델 및 이론에 따라 정도의 차이는 있지만, 대부분 책임 소재의 상당 부분을 컨설티에게 두고 있다. 컨설테이션 관계는 서로 다른 분야의 전문가가 대등하고 협력적 관계를 맺는 것에 기초하기 때문에 컨설티는 또 다른 영역의 전문가로 간주된다. 그러므로 컨설티는 당면 문제해결을 위해 컨설턴트의 제안을 받아들일지 여부를 결정할 권리를 갖는 동시에 책임 역시 지게 된다.

반면 슈퍼비전에서는 슈퍼바이저가 슈퍼바이지의 상담에 대한 책임을 지닌다. 슈퍼바이지는 전문가로 성장하기 위해 교육과 지도를 받는 과정에 있는 개인이기 때문에 슈퍼바이저에 비해 전문성이 결여되어 있다고 간주된다. 또한 슈퍼바이저는 슈퍼바이지의 상담에 대한 평가권을 가지고 있고 슈퍼바이지가 전문가 사회에 진입하는 데 요구되는 자격증 획득에도 많은 영향을 미친다. 그렇기 때문에 슈퍼바이저와 슈퍼바이지의 관계는 수직적인 특성을 지니며, 슈퍼바이지는 슈퍼바이저의 제안을 대부분 수용하게 된다.

또한 슈퍼비전은 지속적으로 이루어지지만, 컨설테이션은 당면한 문제해결에 초점이 맞추어진 일회적 활동이라는 차이를 지니고 있다(Bernard & Goodyear, 1998). 슈퍼비전은 슈퍼바이저를 전문가로 양성하는 목적을 지니고 있기 때문에 슈퍼바이저의 하나의 사례가 종결되더라도 새로운 사례로 계속 슈퍼비전을 받기도 하고 여러 사례를 동시에 슈퍼비전받기도 한다. 반면, 컨설테이션은 당면 문제의 해결이 일차적 목표이기 때문에 문제가 해결되면 컨설턴트와 컨설티 간의 관계도 종결된다. 컨설티가 또 다른 문제에 봉착했을 때 똑같은 컨설턴트에게 컨설테이션을 요청할 수는 있지만 이 역시 문제의 성격에 따라 한정된 일회적 관계의 성격을 띠게 된다.

	책임 소재	관계의 대등성	관계의 속성
컨설테이션	컨설티	수평적	일회적
슈퍼비전	슈퍼바이저	수직적	지속적

컨설테이션과 일반적인 교수활동의 차이는 컨설턴트 역시 교수자의 역할을 수행하기는 하지만, 컨설턴트의 교육은 컨설티가 선정한 문제 상황에만 초점을 맞춘다. 일반적인 교육 상황에서는 교수자 주도에 의해 정해진 교육 과정대로 단계적인 교수활동이 일어나지만, 컨설테이션에서의 교육은 컨설티나 조직의 당면한 문제나 특별한 요구에 맞춘 교수활동이 일어나게 된다. 이는 당면한 문제를 해결하는 과정에서 컨설턴트가 컨설티에게 전문적 지식과 태도를 전수함으로써 컨설

테이션의 목표인 당면 문제해결과 함께 컨설티의 능력 향상을 꾀하기 때문이다.

컨설테이션과 가장 유사한 개념인 협력(collaboration)은 책임의 소재가 협력 과정에 참여하는 모든 사람에게 있기 때문에 사례 및 프로그램 운영과 관련된 책임을 컨설티가 지는 컨설테이션과 구분된다. 책임 소재를 기준으로 한 컨설테이션과 협력 간의 구분은 컨설턴트가 위원회(committee)의 일원이거나, 컨설턴트의 역할이 조언에만 그치는 것이 아니라 행동 계획의 실행에까지 관여를 해야 하는 상황에서는 의미가 줄어들게 된다. 또한 최근 학교상담 영역에서는 협력적 컨설테이션 모델이 확대되고 있는 추세라 실제적인 차이는 그리 크게 나타나지 않을 것으로 보인다.

마지막으로 컨설테이션과 상담의 차이는 컨설테이션은 문제(issue)에 초점을 맞추는 반면, 상담은 사람에게 초점을 맞춘다는 것이다(West & Idol, 1987). 컨설턴트 역시 상담자와 마찬가지로 컨설티나 내담자의 사적인 영역과 감정에 개입을 할 수는 있지만, 컨설테이션의 목표는 어디까지나 문제의 해결에 있다. 컨설티의 개인적 심리 역동이 해당 문제와 직접적인 관련이 있을 때는 컨설테이션의 과정 중 일부를 컨설티에게 할애하기도 하지만 대부분 문제에 초점을 맞춘 상호작용이 일어난다. 그리고 문제해결 후에는 컨설티와의 관계도 종료되는데, 컨설티의 심리적 문제가 지속될 경우에는 다른 전문상담자에게 심리상담을 의뢰하는 것이 일반적이다.

4. 컨설테이션의 목표

컨설테이션의 목표는 크게 예방적 목표(preventive goal)와 치료적 목표(remedial goal)로 구분된다(Zins, 1993). 예방적 목표는 컨설턴트의 지식과 기술을 컨설티에게 전달하여 컨설티가 전문성을 획득하고 차후 유사한 문제 상황에서 보다 효율적으로 대처할 수 있도록 하는 것이다. 학교상담에서 외부의 전문상담자나 교내 전문상담교사가 일반교사와 컨설테이션 관계를 맺어 학생의 문제를 해결할 경우, 컨설테이션 종결 후에 일반교사는 비슷한 문제를 보이는 학생에게 보다 효율적이고 전문적으로 대처할 수 있게 되는 것이다.

치료적 목표는 학생이 당면한 문제에 즉각적 개입을 함으로써 문제해결에 이르게 하는 것이다. 예를 들어 학습결손, 주의산만 행동, 공격적 행동, 도벽 등 교사의 수업 진행 및 생활지도를 어렵게 하는 학생의 문제에 컨설턴트의 도움과 지도하에 교사가 즉각적으로 개입할 수 있으므로 문제해결의 가능성이 높아지는 것이다.

학교 컨설테이션 모델 10개를 선정해 각 모델의 특징을 정리한 West & Idol(1987)은 10개의 각기 다른 컨설테이션 모델의 목표를 기준으로 크게 교수 모델(teaching model)과 협력적 컨설팅 모델(collaborative consultation model)로 구분하였다. 즉, 교수 모델은 컨설티에게 새로운 기술을 교수해서

추후 유사한 문제에 보다 잘 대처하도록 하는 것을 목표로 하는 반면, 협력적 컨설팅 모델은 각기 다른 영역의 전문가가 함께 문제해결 전략을 고안해 내고 당면한 문제를 해결하는 것을 목표로 하였다. 교수 모델의 목표와 협력적 컨설팅 목표는 각각 예방적 목표와 치료적 목표에 해당한다.

예방적 목표와 치료적 목표는 각각 컨설테이션의 장기목표와 단기목표에 해당한다. 단기적으로는 치료를 통해 학생의 당면 문제를 해결하고, 장기적으로는 교사의 전문성을 신장시켜 학교에서 발생하는 다양한 문제에 교사가 보다 전문적으로 대처할 수 있게 되는 것이다. 따라서 학교장면에서의 컨설팅 목표는 학생의 당면 문제의 해결과 교사의 문제해결 능력 향상으로 구분된다. 즉, 특정 학생의 당면 문제해결이 치료적 목표 및 단기 목표라면, 교사의 문제해결 능력을 증진시켜 유사한 문제의 다른 학생을 컨설턴트의 도움 없이 조력할 수 있도록 하는 것은 예방적 목표 및 장기목표에 해당된다.

	컨설테이션 모델	학교장면에서의 변화	기 간
예방적 목표	교수 모델	교사의 전문성 신장	장기목표
치료적 목표	협력적 컨설팅 모델	학생의 당면문제 해결	단기목표

5. 컨설테이션의 효과성 연구 결과

학생(고객)의 당면문제 해결과 교사(컨설티)의 전문적 능력 향상이라는 두 가지 목표를 동시에 달성하고자 하는 컨설테이션이 실제로 학교를 비롯한 임상에서 얼마나 효과가 있는지를 검증하고자 하는 연구는 꾸준히 이루어져 왔다. 특히, 학교 컨설테이션의 효과는 Medway와 Updyke(1985), Sibley(1986)에 의해 이루어진 각각의 메타 연구를 통해 확인할 수 있다.

Medway와 Updyke(1985)의 연구는 54개 컨설테이션 연구에서 나타난 효과를 분석한 것으로(West & Idol, 1987, 재인용), 컨설테이션의 효과가 .47로 나타났다. 컨설테이션의 효과는 고객보다는 컨설티, 즉 교사 수준에서 더욱 높게 나타났으며, 그중에서도 특히 태도 영역보다는 행동 영역에서 더 큰 증가를 보였다. 컨설테이션 모델별 효과 크기는 정신보건(mental health), 행동주의(behavioral), 조직발달(organization development) 각각이 .47, .44, .50의 효과 크기를 보였으며, 이는 통계적으로 유의한 수준의 차이가 없는 것이었다. 다만 내담자보다 컨설티 수준에서의 변화가 더 크게 나타나는 경향은 정신보건 모델에서 뚜렷했으며(ES=.68 vs. .28), 행동주의(ES=.44 vs. .43)나 조직발달 모델(ES=.49 vs. .52)은 내담자와 컨설티 간의 효과 차이가 거의 없거나 오히려 학생에 대한 효과가 더 높은 결과를 나타내었다.

Sibley(1986)의 메타 연구에서는 컨설테이션의 효과 크기가 .75였으며, 내담자, 즉 학생의 효과 크기(ES=.91)가 컨설티, 즉 교사의 효과 크기(ES=.60)보다 높게 나타났다. Sibley의 분석 결과는 Medway와 Updyke(1985)의 연구에서보다 효과의 크기가 더 크게 나왔고, 교사보다 학생에게 더 효과가 있는 것으로 드러났는데, 이러한 연구 결과는 Sibley의 연구가 미출판된 연구물까지 포함하여 메타 분석을 했기 때문인 것으로 추정된다(West & Idol, 1987). 컨설팅의 효과가 가장 많이 나타나는 영역으로는 성취(ES=.93), 행동(ES=.89), 태도(ES=.56)의 순으로 나타났으며, 정신보건(ES=.65), 행동주의(ES=.83), 과정중심(ES=.65) 모델 간의 효과 크기 차이는 통계적으로 유의하지 않는 것으로 나타났다(West & Idol, 1987, 재인용).

이 두 메타 연구는 학교 컨설테이션 모델은 효과적이며, 모델 간의 효과 차이가 두드러지지 않음을 밝히고 있다. 메타 연구는 컨설테이션이 학교장면에서 효과가 있음을 증명하고는 있지만, 아직 컨설테이션의 효과성을 구체적으로 증명할 만큼 연구가 충분히 이루어진 것은 아니다. 구체적으로 컨설테이션의 어떤 요소가 효과를 일으키며, 어떤 장면에서 어떤 대상으로 컨설테이션을 할 경우 가장 효과적인지에 대한 연구가 더 요구된다(Kampwirth, 2003; Meyers, 1995).

Alderman과 Gimpel(1996)에 따르면, 컨설티는 컨설턴트가 접촉·경청하면서 개인적 지지를 하는 경우, 컨설턴트의 제안이 효과적이고 실제적이며 계획적이라 판단하여 그 방법이 가장 효과적이라고 생각하지만(Kampwirth, 2003, 재인용), 실제적인 컨설테이션의 효과 요인은 명확히 규명되지 못하고 있다. 따라서 이제는 컨설테이션의 성과 자체보다는 어떤 접근법이 어떤 내담자와 어떤 컨설티에게 효과적인지, 어떤 요인이 컨설테이션의 효과에 가장 크게 기여하는지 등의 과정-성과 연구가 필요함이 주장되고 있다. 이를 위해서는 컨설테이션 효과 연구를 접근법 및 대상에 따라 분류하고, 다양한 컨설테이션 과정 연구 및 성과 연구가 이루어져야 한다. (Kampwirth, 2003; Shapiro & Depaul, 1996; Sheridan, Kratochwill, & Bergan, 1996).

컨설테이션의 효과에 가장 큰 영향을 미치는 변인 중 하나가 컨설티, 즉 교사 요인인데, Piersel과 Gutkin(1983)은 컨설티가 컨설테이션에 대해 가지는 네 가지 저항을 제시한 바 있다(Randolph & Graun, 1988, 재인용). 첫째는 컨설테이션 자체에 대한 부정적 인식으로, 컨설테이션이 컨설티에게 시간을 요구하기 때문에 그로 인해 내담자에게 쏟을 시간을 빼앗기게 된다는 인식과 관련된 것이다. 둘째는 문제를 드러내야 한다는 불안감으로 문제 자체를 부정하고 컨설턴트의 방문을 부담스럽게 여기는 것이다. 셋째는 컨설티와 컨설턴트 간의 기대가 일치하지 않는 것과 관련되어 있는 것으로 컨설테이션에서의 각자의 역할 및 책임에 대한 서로 다른 기대와 관련된다. 마지막으로 문제를 지속함으로써 컨설티가 얻을 수 있는 부가적인 이득으로 인해 오히려 문제를 해결하고자 하는 동기가 낮아질 수 있다. Piersel과 Gutkin은 이러한 컨설티의 심리적 저항을 해결하기 위해 컨설턴트는 컨설테이션의 효용을 강조함과 더불어, 컨설테이션의 초반에 계약서나 각서 등을 작성하여 각자의 역할과 비밀 보장 등을 명문화하는 것이 필요하다고 보았다. 특히, 우리나라와 같이 컨설테이션 모델에 대한 인식이 부족한 상황에서는 컨설테이션 관계, 역할 및 권리, 효용 등에 대한 이해를 높이기 위한 교육이 선행되어야 하며, 이를 위한 제도적 뒷받침이 마련되어야 할 것이다. 또한 컨설테이션이 도입되어 제대로 정착하는 데 필요한 컨설티의 요구뿐만 아니라 컨설턴트의 요구도 연구하여 제도 도입 및 정착에 반영하는 것이 필요하다.

6. 컨설테이션의 구분

컨설테이션은 경영, 의료, 법률 등 여러 영역에서 활용되고 있고, 각 분야는 각기 다른 의미와 접근법으로 컨설테이션 활동을 하고 있다. Brown 등(1988)은 컨설테이션을 주로 개인이나 소집단의 심리적 · 정서적 문제를 대상으로 하는 정신보건(mental health) 컨설테이션과 조직의 특정 측면을 개선하기 위해 경영자나 관리팀에게 제공하는 조직발달(organizational development) 컨설테이션으로 구분하였다(진동섭, 2003a, 재인용).

이러한 기준에 따르면 학교 컨설테이션 역시 학생의 심리적 · 정서적 문제를 대상으로 하는 정신보건 컨설테이션과 학교 조직의 특정 측면을 대상으로 하는 조직발달 컨설테이션으로 구분할 수 있다. 컨설턴트는 조직발달 컨설테이션보다는 정신보건 컨설테이션에 더 많이 관여하고 그 역할도 크겠지만, 학교 조직이나 제도 자체가 학생의 심리적 · 정서적 문제를 유발하는 경우에는 조직발달 컨설테이션에 관여할 수 있다. 하지만, 이 책에서는 학교상담의 현실적 한계를 극복하고 효용을 높이기 위한 방안의 하나로 컨설테이션 모델을 제안하는 것이기 때문에 정신보건 컨설테이션에 한해 논의를 전개하고자 한다.

정신보건 컨설테이션은 광의로는 조직보다는 개인에게 초점이 맞추어지는 모든 형태의 컨설테이션을 의미하지만, 협의로는 개인에게 초점을 맞추는 여러 컨설테이션 모델의 하나로도 쓰이고 있다. West & Idol(1987)은 학교 현장에서 활용되고 있는 10개의 컨설테이션 모델을 중심으로 각각의 컨설테이션 관계에 관한 이론, 문제해결을 위한 지식 기반, 목표, 단계 및 절차, 책임 소재 등을 분석하였는데, 정신보건 모델은 분석의 대상이 되었던 10개의 모델 중 하나에 속한다. 학교 현장에서 활용되는 컨설테이션 모델은 정신보건 모델 외에도 행동주의 모델, 조직중심 모델,[2] 과정 중심 모델, 의학적 모델, 프로그램 중심 모델, 교육 및 훈련 모델, 협력적 모델 등이 있다.

학교상담 컨설테이션 모델의 구분은 학자 및 구분 준거에 따라 차이를 보이는데, Hansen, Himes, & Meier(1990)는 컨설테이션 모델을 정신보건 모델, 행동주의 모델, 교육 및

2) 조직 중심 모델은 다시 인간관계 모델, 조직적 사고 모델, 지지(advocacy) 모델로 구분되어 세부적으로는 10개의 모델이 제시되었다.

〈표 1-1〉 West & Idol(1987)의 컨설테이션 모델 분류

컨설테이션 모델	컨설테이션 관계에 대한 이론	문제해결에 대한 이론적 근거	목 표	단 계	책 임
정신보건 모델 **Mental Health**	• 컨설티가 문제해결에 필요한 능력을 가지고 있다고 가정하고, 컨설턴트는 컨설티의 효율성을 증대시키는 역할을 수행 • 신인본주의(neo-client centered) 상담이론, 아들러 상담이론 등의 영향	정신역동, 임상기술, 위기 개념화, 전문적 진단 및 의사결정 기술, 전이 감소, 도제관계, 치료 회피, 관계 형성	• 내담자 중심, 컨설티 중심, 프로그램 중심, 행정가 중심 중 컨설턴트가 선택 • 내담자의 문제를 진단, 대처, 해결하는 컨설티의 능력 신장을 성공의 지표로 삼음	1. 문제의 본질 및 정도, 그 문제를 다룰 수 있는 컨설티의 능력 등에 대한 자료를 모은 후 적합한 컨설테이션 방법 모색 2. 컨설티에게 전문적 의견을 제시하거나 구체적인 문제해결 과정을 도와줌	• 컨설턴트는 문제의 본질을 파악하고 문제의 해결책을 제시하는 것과 관련된 책임을 짐 • 컨설턴트와 컨설티의 관계는 동등함
행동주의 모델 **Behavioral**	행동주의 학습이론과 사회학습이론	행동수정, 사회학습이론, 응용행동 분석 등에 대한 다양한 지식	내담자와 컨설티의 바람직하지 못한 행동의 감소 혹은 바람직한 행동의 증가	1. 문제 정의 2. 문제 분석 3. 계획 실행 4. 평가	문제해결 과정에서의 상호관계를 강조하지만 컨설턴트가 전문가 역할을 수행하고 컨설티는 받아들이는 입장
인간관계 모델 **Human Relations**	조직의 문제는 구성원 모두의 협력으로 풀어야 함과 개인의 성장에 환경이 미치는 영향을 강조하는 조직이론	의사소통 기술, 의사결정 기술	• 조직 내 구성원과 그들의 태도, 가치, 집단 과정에 초점을 둔 계획된 변화 • 조직의 생산성과 도덕성 신장	1. 오리엔테이션 • 2. 계약 설정 3. 예비 조사 • 4. 문제 및 기회 탐색 5. 목표설정(aspirations) 6. 분석 • 7. 실험 • 8. 결과 분석 9. 문제 설계 • 10. 실행 11. 평가 및 피드백 • 12. 순환	컨설턴트가 모든 과정에서 집단의 변화를 독려함
조직적 사고 모델 **Organizational Thinking**	인간관계 모델과 동일	집단 갈등, 집단 내 • 집단 간 의사소통, 목표 설정 및 역할 배분에 필요한 의사결정 방법	조직의 하부 조직을 집단으로 접촉, 의사소통 기술 계발, 조직의 하부 조직에 의사소통 기술 교육, 가상 상황에서 시작해서 실제 문제 발생 상황에 이르는 일련의 과정 교육 및 연습	1. 시작 2. 조직 기능도 진단 3. 조직의 하위조직 선택 4. 개입 시연 5. 조직 교육	
지지 모델 **Advocacy**	갈등이론에 기반하면서 다른 모델에서도 실용적인 것을 많이 도입	특정 지식 기반보다는 법, 조직 관리, 매체 활용, 타협 기술, 부모와의 파트너십 등에 대한 다양한 지식에 근거	다양한 유형의 내담자에게 도움이 되는 적합한 과정 선택, 구성원 간의 협조를 이끄는 과정 촉진, 사건 조직, 내담자 부모와의 파트너십 관계 형성	구체적이지 않음	컨설턴트가 다른 사람들의 효율성 촉진

〈표 1-1〉〈계속〉

컨설테이션 모델	컨설테이션 관계에 대한 이론	문제해결에 대한 이론적 근거	목 표	단 계	책 임
과정중심 모델 Process	체제(system) 변화이론	과정 이해, 과정 관찰, 상호작용 분석, 의사결정 법칙, 자료수집, 역할 규정, 경험적 접근, reference for the unique	컨설턴트는 컨설티가 생산성 및 체제의 사회적·정서적 환경에 영향을 미치는 사건과 과정을 보다 잘 인식하도록 함	1. 과정 관찰 2. 집단 상호작용 분석	컨설턴트는 집단 및 조직의 상호작용을 분석하고 컨설턴트와 컨설티가 함께 문제정의와 해결책 도출을 함. 컨설티는 조직의 구조와 준거 등에 대한 정보를 제공함
의학적(의사-환자) 모델 Clinical(Doctor-Patient)	특정 이론 없음	특별 전문가가 내담자의 문제에 관여, 전문가 권위	전문가가 내담자의 정신적·정서적 상태를 진단하고 직원(컨설티)이 내담자를 어떻게 다루어야 할지에 대한 전문적 조언. 내담자가 문제를 가지고 있는 것으로 인식됨. 특정 사례를 해결하는 것만으로 목표가 제한되지만 컨설티의 대처 기술을 높이는 것도 포함됨	1. 진단 2. 처방 3. 치료	컨설턴트가 사례, 수집되어야 할 자료, 자료수집 방식 등에 대한 책임을 지고 직접 내담자를 진단 및 치료하거나 처방을 내림. 컨설턴트와 컨설티 관계는 수직적
프로그램 중심 모델 Program	특정 이론 없음	컨설테이션의 다양성으로 인해 정의 내리기 곤란	기관의 프로그램 설계, 개발, 실행, 평가 조력	1. 컨설티가 목표와 대상을 명료화 2. 컨설턴트는 이상적이고 이론적인 접근을 제안 3. 컨설티는 조직의 한계와 자원을 설명 4. 컨설턴트와 컨설티가 함께 '브레인스톰'을 통해 현실적인 실행전략 개발 5. 함께 실행계획 고안 6. 컨설티가 실행	컨설턴트가 모든 측면에서 도움을 주지만 구체적인 사안에 대해서는 관여할 수 없음
교육/훈련 모델 Education/ Training	특정 이론 없음	개방적 체제에 대한 지식, 직무 분석, 요구 분석, 교수 설계, 훈련 평가	컨설티가 문제를 경감시키는 데 필요한 지식, 정보, 기술의 전달	구체적 단계 없음	컨설턴트가 전문가 역할 수행
협력적 모델 Collaborative	일반적인 협력 및 컨설테이션 원칙 가정, 컨설테이션의 삼각형 모델에 근거	컨설턴트는 사회학습이론, 교실 평가, 학습 과정, 아동관리, 응용 행동 분석 등에 대한 지식 보유	컨설티는 교육 과정, 아동발달 이론, 대집단 교수법 등에 대한 지식 보유. 일반 학급에서 교육을 받는 특수학생이나 미성취 학생을 교육하고 지도하는 데 일반 교사와 특수교사가 동등한 책임을 갖도록 함	1. 상호 수용 2. 문제의 원인, 문제, 문제의 결과 평가 3. 측정 결과에 근거한 목표 및 대상 선정 4. 교수 및 학습 절차 실행 5. 내담자, 컨설턴트, 컨설티, 내담자의 부모, 교육 행정가, 전반적인 프로그램 등에 대한 평가	컨설턴트는 학습 전문가로서, 컨설티는 교육 과정 및 아동발달 전문가로서의 역할을 맡으면서 상호보완적이고 동등한 관계 형성 컨설티는 실행과 관련된 책임을 지고, 그 외의 모든 것은 공동 책임

훈련 모델, 프로그램 중심 모델, 컨설티 중심 모델의 5개 모델로 구분한 반면, Dougherty(2000)는 정신보건 모델, 행동주의 모델, 조직 중심 모델, 협력적 모델, 일반적 모델의 5개 모델로 구분하였다.

〈표 1-1〉은 West & Idol(1987)의 구분 기준에 따라 각 컨설테이션 모델의 특징을 보여 주고 있다.

7. 대표적 컨설테이션 모델

앞 절에서 살펴본 바와 같이 컨설테이션 모델은 이론적 배경, 컨설테이션의 구성원 및 그들 간의 관계, 목표 등에 따라 다양하게 구분된다. 다양한 컨설테이션 모델 중 컨설턴트로서의 상담자와 컨설티로서의 교사의 컨설테이션 관계 형성을 통한 내담자 개인의 문제해결에 적합하며 서구의 학교상담 장면에서 가장 보편적으로 활용되는 모델은 정신보건 모델과 행동주의 모델이다. 이 두 이론은 모두 인간행동에 대한 확고한 이론에 근거하고 있으며, 실제로 학교 현장에서 주로 적용되고 있다(Kampwirth, 2003; Hansen, Himes, & Meier, 1990).

1) 정신보건 모델

정신보건 모델에 대한 내용은 Kampwirth(2003)와 Hansen, Himes, & Meier(1990)가 제시하고 있는 내용에 주로 근거함을 미리 밝혀 둔다. 정신보건 모델은 2차 세계대

전 이후 이스라엘의 전쟁고아를 시설에 수용하고 이들의 정서적 · 행동적 문제에 개입해야 하는 상황에 놓였던 Caplan (1970)의 현실적 필요에 의해 정립되기 시작했으며, 이후 Mayers 등(1979)에 의해 발전되었다. 당시 정신보건에 대한 높아진 사회적 관심과 증가한 수요에 비해 전문가의 수는 턱없이 부족했고, 전문가로 활동하는 사람들조차 자신의 개입법에 대한 확신이 부족한 상태에서 다른 전문가의 도움을 필요로 하고 있었다. 이 때문에 한 명의 전문가가 한 번에 한 내담자에게 직접 개입하는 것보다, 어느 정도의 전문성은 지니고 있지만 특정 문제의 해결을 어려워하는 개인에게 문제해결책을 제시하여 간접적으로 내담자 문제에 접근하는 방식의 컨설테이션 모델이 유용할 수 있었다. 게다가 특정 전문가, 즉 컨설턴트에 의해 컨설티에게 전수된 지식은 컨설티의 전문적 능력을 향상시켜, 유사한 문제의 다른 내담자나 미래의 내담자에게 보다 적절히 개입할 수 있게 하는 장점도 지니고 있었다.

정신보건 모델의 과정은 먼저 컨설티가 내담자의 문제와 상황을 컨설턴트에게 설명하는 것으로 시작한다. 이때 컨설턴트는 내담자를 직접 만나 진단에 필요한 정보를 수집할 수도 있지만, 일반적으로 컨설티의 보고에 의존한다. 이후 컨설턴트와 컨설티는 함께 개입전략을 구상하고 컨설턴트는 내담자 문제의 진단과 개입방법에 대한 보고서를 작성하거나 구두로 컨설티에게 전달한다. 내담자에게 직접 개입하는 것의 책임은 컨설티에게 있지만, 문제의 진단과 개입법을 제안하는 것에 따르는 책임은 컨설턴트와 공유하게 된다.

Caplan은 컨설테이션의 유형을 크게 네 가지로 구분하였다. 첫째는 내담자 중심 사례 컨설테이션(client-centered case consultation)이다. 이는 컨설턴트가 직접 내담자를 만나 문제를 진단하고 컨설티에게 개입방안을 전달하는 형식이다. 학교장면의 경우, 담임교사가 학교상담자나 특수교사에게 특정 학생을 의뢰하면 이들이 직접 학생을 검사하거나 관찰해 일반학급에서 담임교사가 어떻게 그 학생을 도울 수 있는 지에 대한 보고서를 작성하는 것이 예가 될 수 있다.

둘째는 컨설티 중심 사례 컨설테이션(consultee-centered case consultation)이다. 컨설턴트는 컨설티와 직접적 관계를 맺으면서 내담자 문제해결에 필요한 조력 방안을 컨설티와 함께 구상한다. 컨설턴트는 내담자와 직접적인 상호작용을 거의 하지 않거나 전혀 하지 않는다. 담임교사가 특정 학생의 문제에 보다 잘 개입할 수 있도록 상담자가 담임교사와 함께 계획을 세우고 개입 절차를 모니터하는 것이 예가 될 수 있다.

셋째는 프로그램 중심 행정적 컨설테이션(program-centered administrative consultation)으로, 컨설턴트가 특정 정책이나 프로그램에 대한 평가를 실시하는 것이다. 성교육전문가가 학교의 성교육 프로그램의 적절성을 평가하고 대안을 제시하는 것이 예가 될 수 있다.

넷째는 컨설티 중심 행정적 컨설테이션(consultee-centered

administrative consultation)으로, 컨설턴트는 컨설티 집단을 만나 이 공동체가 그들의 프로그램을 보다 잘 구현할 수 있도록 돕는 역할을 하게 된다. 학교 행정전문가가 교장 집단을 만나 각 학교의 학생 관리 방안을 평가하고 대안을 제시하는 것이 예가 된다.

이 네 유형 중 컨설티 중심 사례 컨설테이션은 정신보건 컨설테이션을 가장 잘 대표하는 유형임과 동시에 학교 컨설테이션 모델에서 흔히 활용되는 유형이다. 컨설티 중심 사례 컨설테이션은 전문가가 직접 내담자(학생)에게 개입하는 것이 아니라 컨설티를 통해 접근하기 때문에 많은 내담자가 보다 나은 전문적 서비스를 받을 수 있으며, 컨설티의 전문 능력을 향상시켜 이후의 유사한 문제를 가진 내담자에게 보다 적절히 개입하므로 예방의 효과도 꾀할 수 있다는 장점이 있다. 반면, 내담자 중심 사례 컨설테이션 유형의 경우 전통적 의학모델에 근거하는 것으로 효율성이 떨어지며, 행정적 컨설테이션 모델의 경우 개인보다는 집단이나 시스템에 초점이 맞추어져 있어 개별 내담자의 문제해결에는 한계가 따르게 된다.

Caplan은 정신보건과 관련된 내담자를 다루는 데 있어 컨설티가 흔히 나타내는 문제를 크게 네 가지로 제시하면서, 컨설턴트는 먼저 컨설티의 어떤 부분에 도움을 주어야 할지를 진단하는 것이 필요함을 주장하였다.

첫째는 지식(knowledge)의 부족이다. 컨설티는 내담자의 문제 관련 지식의 부족으로 어려움을 겪고 있으므로 컨설턴트는 정보 및 지식을 제공해야 한다. 이를 위해 컨설턴트는 컨설티의 지식의 수준을 파악해서 컨설티의 필요와 수준에 맞는 지식을 제공해야 한다.

둘째는 기술(skill)의 부족이다. 컨설티가 지식은 가지고 있지만 그것을 실제에 어떻게 적용해야 할지를 몰라 곤란을 겪고 있는 경우로, 컨설턴트는 컨설티가 개입의 실행계획을 세우고 그것을 실천하는 데 필요한 행동을 선택해서 실제로 행할 수 있도록 도와야 한다. 구체적 기술을 습득하고 현장에서 활용할 수 있게 하기 위해서는 역할 연기 등의 구체적 교수 절차가 요구되기도 한다.

셋째는 객관성(objectivity)의 부족이다. 컨설티가 내담자 문제를 객관적으로 진단하고 접근하지 못하는 경우로, 컨설티가 가지고 있는 편견이나 고정관념이 문제해결을 방해한다. 컨설턴트는 컨설티가 보다 현실에 근거한 평가를 하고 객관적 태도를 견지하며, 내담자 인격보다는 행동에 초점을 맞추도록 조력해야 한다. 또한 컨설티가 특정 상황이나 특정 문제의 내담자를 다룰 때 객관성을 유지하지 못하는 것이 컨설티의 해결되지 않은 갈등이나 성격구조와 관련되어 있다고 판단되는 경우, 컨설티의 개인 문제를 먼저 해결하도록 제안할 수도 있다.

넷째는 확신(confidence)의 부족이다. 컨설티가 자신의 수행 능력에 대한 자신감이 결여되어 있는 경우로, 컨설턴트는 이들에게 공감과 지지를 제공하고 이들이 과거에 수행했던 활동을 객관적으로 평가해서 자신감이 회복될 수 있도록 하는 것이 필요하다.

Caplan은 컨설티에게 부족한 네 개의 요소 중 지식이나 기술, 자신감의 문제는 실제 학교장면에서 많이 나타나고 컨설턴트가 도움을 줄 여지가 많지만, 객관성 부족의 문제는 흔하게 나타나지도 않을 뿐만 아니라 학교 컨설테이션에서 핵심적으로 다루어지기 어려운 문제라고 보았다.

정신보건 컨설테이션의 관점을 엄격하게 적용할 경우, 학교 내의 상담교사나 특수교사가 일반교사와 자문을 주고받는 활동은 컨설테이션보다는 협력의 개념에 더 가깝다. 즉, 외부의 전문가가 공동의 목표해결을 위해 일시적으로 학교 내부로 투입되는 것이 컨설테이션 본래의 모습인데 학교상담과 관련해 정신보건 컨설테이션 모델은 외부의 전문가가 학교라는 공간에 들어가게 되면 내부 구성원, 즉 컨설티의 경계와 저항을 받기 쉽다. 따라서 컨설턴트는 학교마다의 기준, 신념, 관습, 행동 양식 등을 민감하게 파악하고 컨설티와의 협력적 관계를 형성하는 것이 중요하다.

2) 행동주의 모델

행동주의 컨설테이션 모델은 행동주의 학습이론과 문제해결 전략에 근거한 모델로 여기서는 Kampwirth(2003), Hansen, Himes, & Meier(1990)와 함께 Sheridan, Kratochwill, & Bergan(1996)의 논의를 바탕으로 행동주의 모델을 제시하고

지 한다.

행동주의 컨설테이션 모델은 문제를 행동으로 기술하고, 그 행동의 선행사건과 후속결과 등의 환경적 요소를 중요하게 다루며, 개입에 들어가기 전 기초선을 측정해 관찰 가능한 행동 변화를 통해 그 효과를 검증하는 등 행동주의 학습이론의 기본 방향과 매우 유사한 형태를 보인다. 하지만 컨설티에 의해 간접적 개입이 이루어지고, 문제해결 중심적이며, 컨설턴트와 컨설티의 대등한 관계에 기초한 협력적 접근에 의해 문제해결에 이르게 된다는 특징을 가지고 있다.

행동주의 모델이 다른 모델과 구분되는 중요한 특징의 하나는 구조화된 절차와 체계다. 행동주의 모델은 크게 문제정의, 문제분석, 개입실행, 종결 및 평가의 과정을 거친다.

첫째, 문제정의는 변화되어야 하는 행동 및 획득되어야 하는 행동을 정의하는 단계다. 이를 위해 컨설티가 문제로 인식하고 있는 것을 평가하고, 문제 행동의 선행사건과 후속결과를 분석하는 데 필요한 자료를 모으며, 문제의 심각도와 우선순위를 정하여 잠정적인 목표를 설정하는 등의 작업이 이루어진다. 컨설티와 학생의 행동 모두가 주요한 관찰 대상이 되며, 특히 문제 행동과 관련될 수 있는 모든 컨설티 및 상황 요인들이 점검된다.

둘째, 문제분석은 무엇이 문제 행동을 촉발하며 어떤 환경적 요소가 변화되어야 하는지를 분석하는 단계다. 학생의 문제 행동을 촉발하는 언어적 · 비언어적 단서 및 문제 행동이 나타나는 환경의 특성을 고려할 때 컨설티 행동도 중요한 촉발 사건 및 환경으로 고려된다. 문제 행동의 선행사건과 후속결과가 분석된 후에는 컨설턴트와 컨설티의 협력하에 목표와 개입계획을 수립하게 된다. 목표는 구체적으로 설정되며, 그에 근거해 계획을 수립한다. 계획의 실행 여부는 최종적으로 컨설티의 판단에 의해 결정되며, 컨설턴트는 컨설티가 계획대로 실행하는지를 점검하고 도움을 주는 역할을 하게 된다.

셋째, 개입은 컨설티가 계획을 실행하는 단계다. 계획의 실행은 단계적이고 점진적으로 이루어지며, 필요한 경우 컨설턴트가 컨설티에게 모델 역할을 할 수 있다. 계획의 적절한 실행에도 불구하고 학생의 문제 행동에 변화가 없거나 오히려 악화된다면, 컨설턴트와 컨설티는 실행계획을 다시 점검하고 전략을 수정하게 된다.

마지막 종결 및 평가는 문제의 변화 정도와 목표 달성 여부를 확인하고 개입의 적절성을 평가하는 단계다. 또한 종결 이후 문제 행동이 재발할 경우를 대비해 대책을 마련하고, 종결 이후의 계획을 세워 둔다.

행동주의 컨설테이션 모델에 대한 연구는 다른 모델에 비해 비교적 활발히 진행되어 왔고 그 효과가 입증되었음에도 학교 현장의 교사들은 행동주의 컨설테이션에 대한 불편감이나 선입관을 가지고 있다. 이것은 행동주의 모델의 특성상 컨설테이션의 전 과정을 통해 데이터를 수집하고 평가하며, 교사 자신의 행동을 변화시키기를 요구하는 경우가 많고, 강화 등을 통한 개입이 인위적이고 학생을 속이는 것이라는 생각을 가지고 있기 때문이다(Axelrod, Moyer, & Berry, 1990; Kampwirth, 2003, 재인용). 행동주의 컨설테이션 모델이 학교에서 성공하기 위해서는 컨설티가 행동주의 모델에 대해 가지고 있는 이와 같은 편견이나 거부감을 극복하고 행동주의 기법을 수용할 수 있어야 한다. 또한 컨설턴트와 컨설티의 역할을 분명히 하고 관계에서 발생할 수 있는 문제에 대해 민감하게 대처할 필요가 있다.

최근에 행동주의 모델은 부모를 컨설티의 일원으로 포함시켜 그 효과를 높이고 있지만(예: conjoint behavioral consultation; Sheridan, Kratochwill, & Bergan, 1996), 이 역시 부모가 가지고 있는 컨설테이션 및 행동주의 이론에 대한 불편감을 극복하고 참여도를 높여 효과를 극대화하기 위한 방안을 마련할 필요가 있다.

3 컨설테이션 절차

학자와 이론에 따라 컨설테이션의 모델과 절차는 매우 다양한 것처럼 보이지만 자세히 들여다보면 공통적인 절차를 따르고 있다. Hansen, Himes, Meier(1990)는 다양한 컨설테이션 모델이 공통적으로 따르는 절차를 사전활동, 초기 면접, 평가 및 진단, 개입, 종결의 다섯 단계로 구분하여 제시한 바 있다.

1. 사전활동

사전활동은 컨설테이션을 시작하기 전에 컨설턴트가 컨설테이션에 영향을 미칠 자신의 성향(orientation)과 신념을 평가하는 과정이다. 이 단계에서 컨설턴트는 자신의 입장을 컨설티에게 명확히 전달함으로써 컨설턴트와 컨설티가 협력해서 당면문제를 개념화하고 해결 방안을 모색할 수 있을 지 사전에 가늠하게 된다.

사전활동에서 컨설턴트는 컨설테이션의 대상이 되는 사람이나 조직, 문제 등에 대한 가치(value)와 요구(needs)를 진단 및 정의하고 가정을 세운다. 이때 컨설턴트는 자신의 권위, 힘, 위치, 유능성 등에 대한 명확한 대답을 할 수 있어야 한다. 또한 당면 문제의 깊이와 넓이를 헤아릴 수 있어야 한다. 당면 문제가 개인의 문제인지, 사회 구조의 문제인지, 지식이 부족해서 생긴 문제인지, 성격 차이 때문인지에 따라 목표, 도구, 전략, 컨설턴트 역할, 가치 등이 달라진다. 이 때문에 문제의 뿌리가 무엇이며 어떻게 변화를 이끌지에 대한 명확한 인식을 할 수 있어야 한다.

컨설티가 특정 문제를 제기하며 컨설턴트의 도움을 요청할 때 컨설턴트는 컨설티가 컨설테이션 관계 형성에 대해 얼마나 적극적인지에 대한 충분한 정보를 수집하면서 "내가 이런 상황에서 컨설테이션을 해야 하는가?"에 대한 답을 얻어야 한다. 둘째로 컨설턴트는 "누구의 관심사가 반영되는가?"를 따져 보아야 한다. 컨설턴트는 개인 혹은 조직 간의 관심사가 어떤 경쟁적인 모습으로 나타나는지를 평가하면서 컨설테이션이 성공할 경우, 관여된 개인과 조직에 어떤 영향을 줄지 가늠할 수 있어야 한다. 마지막으로 컨설턴트는 컨설테이션의 성공을 위한 개입의 정도와 범위를 생각하며 "컨설테이션의 초점은 무엇인가?"를 판단해야 한다.

이러한 질문에 대한 답을 구하기 위해 컨설턴트는 컨설티와의 두 번째 만남을 가질 수도 있고, 컨설테이션에 영향을 비칠 수 있는 인물, 예를 들어 학교장이나 학교운영위원회 등과의 회의를 가질 수도 있다.

이 단계에서 컨설턴트는 당면 문제와 관련된 정보를 가능한 한 모두 수집하여야 한다. 해당 학교에 대한 자료를 구해서 읽고, 관련 문제를 공부하며, 컨설티가 처한 정치적 입장 있다면 그것도 고려해야 한다. 사전활동이 끝날 무렵에는 컨설티의 성격과 능력을 파악하고 개입에 필요한 지원 체제를 결정하면서, 컨설테이션의 성공 여부와 지속 여부를 가늠할 수 있어야 한다.

2. 초기 면접

초기 면접 단계에서는 (1) 변화와 개입에 대한 준비도를 평가하고, (2) 협력적 관계를 형성한 후, (3) 컨설티가 처한 상황, 문제, 작업 환경 등을 이해해야 한다. 또한 컨설테이션에 대한 기대와 목표, 언급되지 않는 이슈, 컨설티가 가지고 있는 문제를 도와줄 만한 컨설턴트의 능력, 컨설턴트와 컨설티 각자의 역할 등을 명확히하면서 계약서를 서면으로 작성해야 한다.

일반적으로 초기 면접은 문제를 제기한 컨설티와 이를 받아들인 컨설턴트 간에 이루어지지만, 문제와 관련된 다른 인물도 포함할 수 있다. 예를 들어, 문제 행동을 보이는 아동의 담임교사뿐만 아니라 교과전담교사, 부모, 교장 등도 문제해결에 중요한 인적 자원이므로 가능하다면 이들과도 면접을 하는 것이 좋다.

1) 변화에 대한 준비도 평가

컨설턴트는 컨설티가 처한 환경에 대해 진정한 관심을 가지고 있어야 한다. 컨설테이션 관계는 상호작용을 통해 형성되므로 컨설티에 대한 공감과 처한 환경에 대한 이해는 컨설테이션 과정에서 컨설턴트가 가져야 할 필수 요소다. 컨설턴트는 내담자가 처한 환경에 대한 충분한 지식과 그 환경에 변화를 일으킬 만한 기술을 가지고 있어야 한다.

컨설테이션 과정은 컨설티의 문제에 대한 개방성과 컨설턴트와 컨설티의 일치성에 의해 크게 영향을 받는다. 초기 면접에서 컨설턴트는 '문제나 상황이 지속되는 이유에 대한 탐색을 원하는지' '변화가 필요할 경우 기꺼이 변화에 응할지' 에 관한 탐색을 해야 한다. 많은 경우 컨설티는 문제가 사라지기만을 원할 뿐 문제를 다루는 방법을 배우고자 하지 않는다. 위기 상황에 직면하기 전까지는 변화를 원하지 않기 때문이다.

컨설테이션의 성공을 위해서는 컨설티가 자신의 역할을 수용하고 컨설턴트의 제안을 실행해야 하기 때문에 컨설턴트는 컨설티의 변화에 대한 준비도를 면밀히 파악해야 한다.

2) 관계 형성

컨설턴트는 컨설티가 처해 있는 상황에 대한 윤곽을 잡아야 한다. 이를 위해서는 컨설턴트나 컨설티 어느 쪽이든 대화

중에 자유롭게 자신의 견해를 밝힐 수 있는 분위기가 조성되어야 한다. 관계 형성이 되지 않은 상태에서의 컨설턴트의 조언이나 제안은 신뢰감을 주지 못하기 때문에 문제해결을 위해서는 관계 형성이 필수적이다.

신뢰감을 형성하기 위해서는 컨설테이션 관계 안에서 각자의 기대와 요구가 무엇인지를 파악하는 것이 필요하다. 여느 관계에서와 마찬가지로 컨설테이션 관계에서도 공감, 존중, 진정성, 구체성 등이 핵심적인 역할을 한다. 컨설티에게 자신이 얼마나 적극적으로 참여하느냐에 따라 컨설테이션의 성공 여부가 결정된다는 것을 알려 줌으로써 컨설티의 방어적 태도를 완화한다.

또한 컨설턴트는 컨설티가 수행하는 역할을 중요시하고 있으며, 컨설티가 컨설턴트에게 자신이 하고 있는 일의 상황에 대해 좀 더 자세히 알려 줄 필요가 있다는 것을 보여 줌으로써 컨설티로 하여금 자신의 요구를 명확히 표현할 수 있도록 한다.

Parsons & Meyers(1984)는 컨설테이션 관계 형성을 위한 다음의 여섯 가지 방법을 제안하였다.

첫째, 컨설턴트의 제안을 수락할지 거절할지 여부를 컨설티가 선택 가능하도록 한다.

둘째, 문제를 해결하는 과정에 컨설티가 더 많은 기여를 할 수 있도록 한다.

셋째, 컨설티의 의사결정 행동을 독려한다.

넷째, 컨설티가 기여한 부분을 인정하고 강조한다.

다섯째, 컨설티가 책임감을 더 많이 느끼도록 한다.

여섯째, 컨설티가 노력하도록 한다.

3) 계약서 작성

컨설테이션의 기간 및 시간, 컨설테이션 장소, 비용, 성과 평가의 방법 및 평가자 선정, 문제해결 과정에서의 컨설턴트와 컨설티의 역할 및 책임 등에 대한 구조화가 필요한데, 가능하다면 문서화된 계약서를 작성하는 것이 좋다. 계약서는 컨설턴트와 컨설티의 합의에 바탕을 두며, 컨설테이션의 목적, 컨설턴트와 컨설티의 역할, 컨설테이션 환경 등이 구체적으로 명시되어야 한다. 이런 과정을 거칠 경우 컨설테이션이 보다 원활하게 진행될 수 있으며 문제에 좀 더 빨리 접근할 수 있다.

4) 문제 상황 이해

이 단계는 앞서 변화에 대한 준비도 평가 및 관계 형성 단계와 다소 중복될 수 있다. 준비도를 평가하고 관계를 형성하는 단계에서 컨설티가 생각하는 문제가 무엇인지가 드러나기 때문이다.

컨설턴트는 컨설티가 컨설테이션을 시작하려고 하는 이유를 가능한 한 명확히 해야 한다. 컨설티가 감추고 싶어 하거나 미처 알지 못한 동기가 있을 수도 있다. 컨설티와 관계가 깊고 믿을 수 있게 되면 더욱 솔직해지고 컨설테이션을 시작

히게 된 진짜 이유를 발견할 수 있게 된다. 관계가 진전되면 컨설티의 개인적 문제를 개방하게 되는데, 이때 컨설턴트는 이것을 컨설테이션 과정에서 다룰지 개인상담에 의뢰할지를 결정해야 한다.

컨설티가 문제를 정의하고 어려움에 대해 구체적으로 토로하게 하는 것은 여러 긍정적인 면을 갖는다. 먼저 컨설턴트가 컨설티의 이야기에 귀 기울임으로써 당면 문제에 관심을 가지고 있음을 전달할 수 있다. 또한 컨설티가 그간 행한 노력을 높이 삼아서 관계를 더 발전시킬 수 있다. 마지막으로 컨설턴트는 컨설티가 일하는 환경을 보다 정확히 이해할 수 있게 된다. 문제를 파악하는 방식에 따라 취하게 되는 접근법 역시 달라지기 때문에 컨설턴트는 다양한 컨설테이션 모델을 숙지하고 당면 문제에 따라 어떤 모델이 가장 적합한지를 판단할 수 있어야 한다.

3. 평가 및 진단

평가 및 진단은 사전활동에서부터 종결에 이르는 시점까지 계속되는 과정이다. 하지만 정보를 수집하고, 컨설티가 대안을 찾도록 조력하며, 컨설티의 공헌도를 높이는 등의 필수적인 활동이 이 단계에서 이루어져야 한다. 자료 수집은 컨설턴트를 포함한 여러 인물에 의해 수행될 수 있는데, 컨설턴트는 이 과정을 통해 문제가 구체적으로 무엇인지를 파악할 수 있게 된다. 문제가 규명된 후에는 컨설턴트와 컨설티의 합의하에 해결책을 찾는다. 컨설턴트와 컨설티가 상호 협력적으로 대화에 임할 때에만 문제의 본질을 파악할 수 있고, 목표 수립 및 진행 과정에 대해 결정할 수 있게 된다. 이 단계의 마지막 즈음에는 컨설티가 적극적으로 컨설테이션에 참여하도록 독려한다.

1) 자료 수집

자료 수집의 목적은 컨설티가 문제로 여기는 것이 구체적으로 무엇인지를 규명하기 위함이다. 이 단계에서는 자료의 수집, 종합, 분석을 누가 할 것인지와 어떤 방법으로 자료를 수집할지가 결정되어야 한다.

자료를 잘못 해석하거나 편견이 작용하게 되면 올바른 접근법을 선택할 수 없다. 따라서 컨설턴트와 컨설티 모두 문제에 영향을 미칠 만한 요소를 간과하지 않고, 자신의 선입견이 자료 해석에 작용하지 않도록 주의를 기울여야 한다. 자료를 잘못 해석할 가능성을 줄이고 자료를 풍부하게 확보하기 위해 컨설턴트와 컨설티가 함께 자료를 수집하고 검토하는 것이 바람직하다.

이 단계에서 컨설티가 의뢰한 문제 이외의 또 다른 문제가 드러날 수도 있는데 이때 컨설티의 불안이 증가하게 된다. 특히, 컨설턴트가 컨설티의 교실을 직접 관찰하면서 자료를 수집하는 경우 컨설티의 불안은 더욱 높아진다. 그러므로 컨설딘드는 이러한 불안을 빨리 알아차리고 이에 내해 건설티와 이야기 나누는 것이 필요하다.

자료 수집 방법은 컨설테이션 모델, 컨설티의 특성, 문제의 특성 등에 따라 다양할 수 있다. 일반적인 자료 수집 방법은 관찰, 조사, 체크리스트, 면담, 배경 정보, 표준화된 기록 자료 등이 있다. 어떤 방법을 택하든 자료 수집 결과를 통해 다음의 질문에 대한 답을 얻을 수 있어야만 한다.

- 문제는 어떤 역사를 가지고 있는가?
- 문제가 처음 시작된 시기는 언제인가?
- 얼마나 오랫동안 문제가 지속되었는가?
- 문제가 어떤 영향을 미쳤는가? 혹은 어떤 결과를 초래하였는가?
- 이미 시도해 본 개입방법이나 전략은 무엇인가?
- 결과가 좋았던 것은 무엇인가?
- 이전의 시도가 성공하지 못한 이유는 무엇인가?
- 이 문제를 더 잘 이해하기 위해 필요한 정보는 무엇인가?

2) 진단

진단은 신중히 내려져야 하며 컨설테이션 전 과정에서 지속적으로 이루어져야 한다. 가장 두드러지는 문제의 윤곽을 잡는 과정에서 컨설티의 문제를 분류할 수 있게 된다. 하지만 문제의 초점은 컨설티가 아니라 컨설티가 보고하는 문제의 해결책을 찾는 것임을 명심해야 한다. 컨설티가 적극적으로 진단 과정에 참여하지 않을 경우 실행 과정에서도 소극적인 태도를 취하기 쉬우므로 컨설티가 자료 수집과 진단 과정에서 많은 역할을 하도록 해야 한다.

3) 목표 설정

목표를 설정하는 단계에서는 문제와 관련되는 여러 변인이 최종적으로 다루어지면서 명료화된다. 이 단계에서 컨설턴트가 행하는 역할의 범위는 컨설테이션 모델에 따라 다양하다. 행동주의 컨설테이션 모델을 따른다면 컨설턴트가 계획과 목표를 세우는 과정에서 많은 책임을 지게 되지만, 행동주의보다 덜 지시적인 모델을 따를 경우 컨설턴트는 컨설티가 목표를 정하는 데 도움을 주면서 대안을 제시하는 정도의 역할만을 한다.

Redmon 등(1985)은 목표를 설정하고 절차를 결정하는 데 있어 고려해야 할 사항을 다음과 같이 정리하였다.

첫째, 컨설턴트는 컨설티가 문제를 기술할 수 있도록 돕거나 직접 문제를 기술해야 한다.

둘째, 컨설턴트는 컨설티가 목표를 설정하고 우선순위를 정하도록 도와야 한다.

셋째, 컨설턴트는 각각의 목표가 문제 행동과 어떤 관련이 있는지를 밝히고 논리적 근거를 제시하여야 한다.

넷째, 컨설턴트는 가능한 한 많은 사람들을 이 과정에 참여시켜야 한다.

다섯째, 컨설턴트는 목표를 요약해서 문서화하여 중심에서 벗어나지 않도록 해야 한다.

목표는 측정 가능한 구체적인 행동으로 정하고 시간제한을 두는 것이 바람직하다. 또한 목표를 설정하는 과정에서는 목표 달성으로 인한 변화가 미칠 영향과 그에 따라 수반되는 상황적인 변수들이 무엇인지를 파악해야 한다. 그래야만 변화가 환경에 미치는 영향과 저항을 파악할 수 있다. 이를 위해서는 컨설턴트가 가용할 수 있는 자원, 시간, 컨설티의 개인적 특성 등 컨설티가 처한 현실적인 환경과 특징에 대해 잘 알고 있어야 한다. 구체적인 목표가 정해진 이후에는 해야 할 일의 분석, 컨설티의 기술(skill) 평가, 개입에 참여할 사람들의 역할 분담 등이 이루어진다. 각 활동별로 활동 계획과 대략적인 완수 시간 등을 파악해야 한다.

컨설테이션에 참여한 모든 사람은 역할을 나누는 것이 좋다. 컨설턴트가 일부 개입 활동에 참여하는 경우에도 서서히 그 역할을 교사에게 넘김으로써 교사가 더 많은 책임을 지도록 하는 것이 좋다. 그래야만 컨설테이션이 종결된 후에도 교사가 이 과정을 반복해서 문제해결에 이를 수 있기 때문이다.

컨설턴트와 컨설티 간의 기대 및 목표가 일치하지 않거나 문제가 유지됨으로써 컨설티가 얻는 2차적 이득이 있을 경우에는 저항이 나타날 수 있다. 이 경우 처음 컨설테이션을 시작할 당시에 작성한 기록과 계약서 등을 함께 검토하면서 기대 및 목표에서 차이가 발생하는 원인을 탐색하고, 컨설턴트와 컨설티 간의 관계를 재정비하여 저항을 줄여야 한다.

4. 개 입

다른 단계와 마찬가지로 개입 단계에서도 컨설턴트와 컨설티 간의 상호 협력과 합의가 중요하다. 이 단계에서는 여러 가지 가능한 대안을 검토하고 개입방법을 선택하여 실행에 옮겨야 한다. 이를 위해서는 컨설턴트가 여러 가지 다양한 개입전략을 구체적으로 알고 있어야 한다. 그리고 컨설티가 책임감을 가지고 개입전략을 실행에 옮길 수 있도록 도와야 한다.

1) 대안 탐색

여러 가지 가능한 대안을 검토하는 과정에서는 컨설테이션 상황에서 활용할 수 있는 자원과 한계에 대한 풍부한 지식이 필요하다. 문제 행동에 긍정적인 영향을 미칠 수 있는 모든 것들을 검토하여야 하지만, 대안을 고려할 때는 그것의 실행 가능성 역시 신중히 검토되어야 한다.

대안을 탐색하는 과정에서 컨설티가 적극적인 역할을 하도록 해야 하며 컨설테이션 과정에서 절대 위축되거나 주눅 드는 일이 없도록 해야 한다. 컨설턴트가 한 가지 대안만을 제시하여 컨설티에게 그것을 따르도록 강요해서는 안 되며, 여러 가지 대안 중에 하나를 컨설티가 선택하도록 해야 한다. 반면, 일단 선택이 내려진 후에는 그것을 철저히 실행에 옮기도록 해야 한다.

2) 행동 계획 수립

개입방법이 결정되고 대략적인 시간 계획이 나온 후에는 누가 실행에 옮길지를 결정해야 한다. 구체적인 행동 계획을 수립하기 위해서는 그것이 신체적, 개인적, 재정적으로 어떤 영향을 미칠지를 충분히 고려해야 한다. 또한 컨설티가 가지고 있는 정치적 입장, 문화적 기준 등도 고려되어야 한다.

컨설테이션의 주요 목표 중 하나는 컨설티가 이후에 발생할 수 있는 다른 문제도 효율적으로 해결할 수 있는 능력을 신장하는 것이므로, 개입방법을 실행할 때는 컨설턴트의 의존도를 서서히 낮추고 컨설티가 더 많은 자신감을 갖도록 해야 한다.

이 단계에서는 컨설티와 컨설턴트가 실행에 필요한 기술을 가지고 있는가? 컨설티와 컨설턴트의 성, 문화적 배경, 사회경제적 수준 등이 다른 사람의 영향을 수용하는 데 영향을 미치는가? 이 단계에서 변화에 대한 동기와 헌신도를 다르게 만드는 것은 무엇인가? 어떤 가치와 도덕관이 작용하고 있는가? 등이 고려되어야 한다.

컨설턴트는 특정 개입방법을 선택한 이유를 명확하게 전달할 수 있어야 한다. 일반적으로 컨설턴트가 이미 그 개입방법에 대해 잘 알고 있고 보다 능숙하게 다룰 수 있거나, 컨설티가 컨설테이션에 거는 기대에 부응하거나, 재정적 측면에서의 경제성, 컨설티가 속해 있는 조직의 문화나 행동 기준에 부합할 때 개입방법이 선택된다.

3) 실행

개입방법을 실행하는 절차와 기술은 개입의 수준, 주어진 시간, 목표, 돈, 예상되는 위험이나 변화의 정도, 컨설턴트와 컨설티의 개인적인 내적 변인 등에 따라 다양하다. 실행을 하는 목적은 크게 두 가지로, 하나는 문제를 해결하기 위한 것이고, 다른 하나는 컨설티로 하여금 문제해결 기술을 익히고 유지하도록 하기 위함이다. 개입기술은 역할 연기, 모델링, 정적 강화, 교육, 피드백 제공, 중재, 그룹 활동 등 무한하다.

전문가 모델에서는 컨설턴트가 문제해결과 관련된 구체적인 정보를 제공하고 컨설티에게 부족한 기술과 지식을 찾아 교육과 제안을 하게 된다. 과정 모델에서는 인지 재구조화나 인지-행동 구조 등의 이론에서 기법을 차용한다. 어떤 기법을 사용하든 컨설턴트와 컨설티 모두의 동의가 있어야 한다.

5. 종 결

컨설테이션의 종결은 개입방법을 선택하여 수행한 것을 평가하면서 이루어질 수 있다. 컨설턴트는 컨설티가 개입을 실행하는 과정에 관여하기 때문에 평가는 컨설턴트와 컨설티 모두에게 해당한다.

1) 평가

평가는 컨설턴트의 역할, 컨설티의 변화, 변화가 체계에 미친 영향 등에 대한 유용한 정보를 제공한다. 평가를 통해 컨설테이션 지속 여부와 개입방법의 수정 여부를 결정하고 변화에 대한 만족도를 파악할 수 있다. 평가를 통해 얻은 자료는 현재의 문제 상황에서뿐만 아니라 컨설턴트가 미래에 수행할 컨설테이션 상황에서도 유용하게 쓰일 수 있다. 또한 컨설티로 하여금 만족할 만한 수준의 변화가 일어났음을 확인시킬 수도 있다.

내담자나 조직의 변화뿐만 아니라 컨설턴트와 컨설티의 행동에 대해서도 평가가 이루어져야 한다. 평가 결과가 긍정적일 경우 컨설티는 컨설테이션이 더 필요한지, 필요하다면 어떤 식으로 이루어지는 것이 바람직한지를 결정해야 한다. 평가 결과가 부정적일 경우에는 컨설턴트와 컨설티가 실패의 원인이 비효과적인 절차 때문인지 개인적 저항 때문인지를 파악해야 한다. 또한 접근 방법에 수정을 가할지, 새로운 접근 방법을 동원할지 혹은 기존 방법을 다시 한 번 시도할지를 결정해야 한다. 평가 결과가 어떻든 컨설턴트와 컨설티 어느 한쪽에서 일방적 책임을 져서는 안 된다.

· 실패의 원인

컨설테이션이 항상 성공할 수는 없다. 하지만 일반적인 실패의 원인을 알고 있는 경우 성공의 가능성은 높아질 수 있다.

여러 학자들에 의해 지적되는 실패의 원인은 다음과 같다.

- 컨설턴트가 지나치게 높은 목표를 설정하고 부적절한 접근 방법으로 문제에 접근하는 경우
- 사회적 관계를 변화시키는 것을 목표로 설정한 경우: 사회적 문제는 쉽게 해결되지 않기 때문에 더 큰 좌절감을 준다. 사회적 관계와 같은 큰 변화를 목표로 잡기보다는 문제를 이해, 통제, 해결 가능한 상태로 작게 나누어서 성공 경험을 증대시키는 것이 바람직하다.
- 지나치게 많거나 적은 평가: 문제에 대한 평가를 소홀히 하거나 수집된 자료를 공유하지 않는 경우 혹은 지나치게 진단을 많이 하는 경우
- 체계적 관점을 갖지 못한 경우: 컨설턴트와 컨설티, 당면한 문제는 모두 환경과 상호작용하는 개체이므로 넓은 시각으로 문제를 파악하고 접근해야 한다.

2) 유지

개입방법은 개입결과가 성공적이고 컨설티가 동의할 경우에 유지된다. 컨설턴트가 철수한 후에도 긍정적 결과가 지속되도록 하기 위해서는 컨설턴트가 수행하던 슈퍼바이저의 역할을 기관 내의 다른 인물에게 전수하고 정기적으로 자료를 수집해서 평가하도록 해야 한다. 적절한 슈퍼바이저가 선정된 후에는 모니터링 절차와 제출될 자료의 종류, 이후의 미팅 횟수 및 방법 등을 결정해야 한다.

3) 종결

컨설테이션이 지나치게 빨리 종결될 경우 컨설티는 문제는 파헤쳤지만 그 문제를 효과적으로 다루는 방법은 모른 채 버려지는 느낌을 받게 되고, 반대로 컨설테이션이 지나치게 오래 지속될 경우에는 컨설테이션 관계가 의존적으로 변해서 컨설턴트가 컨설티와 내담자의 문제에 대한 과도한 책임을 지게 된다.

점차 컨설테이션의 효과가 나타나서 컨설턴트와 컨설티가 문제에 관여하는 정도가 낮아지게 되면 컨설턴트와 컨설티의 동의하에 컨설테이션을 종결하게 된다. 컨설턴트는 철수하기 전에 기관 내 다른 인물에게 문제를 지속적으로 관리하고 평가하는 슈퍼바이저의 역할을 위임하고 컨설턴트 없이도 변화가 유지될 수 있도록 한다. 갑작스러운 종결보다는 전화 등을 이용해서 간헐적인 접촉을 유지하면서 서서히 종결을 맞는 것이 일반적이다.

4 문제해결 중심 컨설테이션 모델

문제해결 중심 컨설테이션 모델은 앞 장에서 살펴본 대표적 컨설테이션 모델의 하나인 행동주의 모델에 문제해결 전략을 접맥한 것이다. 즉, 문제를 행동적 용어로 기술하고, 그 행동의 선행사건 및 후속결과를 비롯한 환경적 요소를 중요하게 다루며, 관찰 가능한 행동의 변화에 근거해 그 효과를 검증하는 등 행동주의 학습이론의 기본 방향과 매우 유사한 형태를 띠고 있으면서, 동시에 내담자의 당면 문제에 초점을 맞추고 컨설턴트와 컨설티의 대등한 관계에 기반해 문제해결 중심적으로 컨설테이션을 진행하는 특징을 지니고 있다 (Hansen, Himes, & Meier, 1990; Kampwirth, 2003; Sheridan, Kratochwill, & Bergan, 1996).

문제해결 중심 컨설테이션이 다른 컨설테이션과 구분되는 중요한 특징 중 하나는 구조화된 절차와 체계다. 문제해결 중심 컨설테이션은 크게 문제정의, 문제분석, 개입실행, 종결 및 평가의 과정을 거치며, 각 단계별로 다음의 활동이 이루어진다(Sheridan, Kratochwill, & Bergan, 1996).

첫째, 문제정의는 변화되어야 하는 행동과 획득되어야 하는 행동을 정의하는 단계다. 이를 위해 컨설티가 문제로 인식하고 있는 것을 평가하고, 문제 행동의 선행사건과 후속결과를 분석하는 데 필요한 자료를 모으며, 문제의 심각도와 우선순위를 정하고, 잠정적 목표를 설정하는 등의 작업이 이루어진다. 컨설티와 학생의 행동 모두가 주요한 관찰 대상이 되며, 특히 문제 행동과 관련될 수 있는 모든 상황 요인들이 점검된다.

둘째, 문제분석은 무엇이 문제 행동을 촉발하며 어떤 환경적 요소가 변화되어야 하는지를 분석하는 단계다. 학생의 문제 행동을 촉발하는 언어적 · 비언어적 단서 및 문제 행동이 나타나는 환경의 특성을 고려할 때 컨설티 행동도 중요한 촉발 사건 및 환경으로 고려된다. 문제 행동의 선행사건과 후속결과가 분석된 후에는 컨설턴트와 컨설티의 협력하에 목표와 개입 계획을 수립하게 된다. 목표는 구체적으로 수립되며, 그에 근거해 계획을 수립한다. 계획의 실행 여부는 최종적으로 컨설티의 판단에 의해 결정되며, 컨설턴트는 컨설티가 계획대로 실행하는지를 점검하고 도움을 주는 역할을 한다.

셋째, 개입은 컨설티가 계획을 실행하는 단계다. 계획의 실행은 단계적이고 점진적으로 이루어지며 필요한 경우 컨설턴트는 컨설티의 모델 역할을 한다. 계획의 적절한 실행에도 불구하고 학생의 문제 행동에 변화가 없거나 오히려 악화된다면, 컨설턴트와 컨설티는 실행 계획을 다시 점검하고 전략을 수정한다.

마지막 종결 및 평가는 문제의 변화 정도와 목표 달성 여부를 확인하고 개입의 적절성을 평가하는 단계다. 또한 종결 이후 문제 행동이 재발할 경우에 대한 대책을 마련하고, 종결 이후의 계획을 수립하게 된다.

문제해결 중심 컨설테이션은 미국의 학교상담에서 가장 자주 활용되는 컨설테이션 모델이며(Costenbader & Swartz, 1992), 다른 모델에 비해 그 효과가 보다 명확히 입증되어 있다. 하지만 일부 학교 교사는 행동주의 컨설테이션에 대한 불편감이나 편견을 가지고 있어 그에 따른 대처가 필요하다. 이것은 행동주의 모델의 특성상 컨설테이션의 전 과정을 통해 데이터를 수집하고 평가하며, 교사 자신의 행동을 변화시키기를 요구하는 경우가 많고, 강화 등을 통한 개입이 인위적이고 학생을 속이는 것이라는 편견을 가지고 있기 때문이다(Axelrod, Moyer, & Berry, 1990; Kampwirth, 2003, 재인용). 때문에 행동주의 컨설테이션 모델이 학교에서 성공하려면 교사가 행동주의 모델에 대해 가지고 있는 편견이나 거부감을 극복하고 행동주의 기법을 수용할 수 있도록 하는 것이 선행되어야 한다. 또한 컨설턴트와 컨설티의 역할을 분명히 하고 관계에서 발생할 수 있는 문제에 민감하게 대처할 필요가 있다.

최근에는 행동주의 모델은 부모를 컨설티의 일원으로 포함시켜 그 효과를 높이고 있다. 공동참여(conjoint) 행동주의 컨설테이션으로 따로 분류되기도 하는 이 모델은 단순히 부모를 컨설테이션의 과정에 참여만시키는 것이 아니라, 생태학적 관점에서 당면 문제와 순환적 상호작용을 하는 가족체계(system)를 바라보고, 문제 진단에서부터 개입의 실행에 걸친 전 과정에 부모를 포함시킨다. 그러나 컨설테이션의 부모 참여가 학생의 문제 행동에 대해 포괄적인 자료를 얻을 수 있고, 학교는 물론 가정에서도 행동 수정의 기법을 적용할 수 있어 더욱 효과적이라는 장점이 있는 반면, 여러 명의 컨설티와 상호작용을 해야 하는 컨설턴트의 역할은 더욱 중요해지므로 컨설턴트는 더욱 주의를 기울여야 한다(Sheridan, Kratochwill, & Bergan, 1996).

특히, 부모가 이전의 부정적 상호작용으로 인해 학교 구성원 전체를 불신하거나 가족의 문제나 비밀을 교사에게 노출하는 것을 꺼려 하는 경우, 컨설테이션의 협력적 관계를 형성하는 것이 쉽지 않을 수 있다. 그래서 Kratochwill과 Bergan은 컨설턴트가 사전에 부모와의 개별적 만남을 통해 이러한 문제를 점검할 것을 권하고 있다. 또한 개개의 컨설티, 즉 교사 및 부모의 역할과 책임을 분명히 하고, 컨설테이션의 초반부에 컨설테이션의 목적, 과정, 기대 효과, 한계 등을 정확히 알려 주는 것도 필요하다. 컨설턴트는 교사의 전문성을 인정하고 존중하듯이, 자녀 양육에 관한 부모의 노력과 성과도 존중해야 하며, 각 구성원 간의 관계 역동을 민감하게 고려해야 한다. 그리고 학생 및 부모의 특성, 문제해결을 위한 이전 노력, 이전의 부모-교사 상호작용, 가성 및 학교에서의 문세의 심각도 등도 철저히 탐색해야 한다.

부모가 컨설테이션에 포함되는 경우, 컨설턴트는 교사뿐만 아니라 부모의 문화적 배경도 살펴야 한다. Behring 등(2000)은 컨설턴트와 컨설티의 문화적 배경이 컨설테이션에 어떤 변형을 가하는지에 대한 연구를 통해, 컨설테이션에서의 문화의 중요성을 규명한 바 있다. 유럽계 미국인, 아프리카계 미국인, 아시아계 미국인, 라틴계 미국인 등을 대상으로 한 이 연구에서, 유럽계 미국인을 제외한 나머지 민족 출신의 컨설턴트는 모두 그들과 같은 민족 출신의 부모 및 학생을 대상으로 컨설팅할 때 컨설테이션 접근법에 변형을 가하는 모습을 보였다. 특히, 아시아계 컨설턴트가 아시아계 부모를 컨설티로 하여 컨설테이션을 하는 경우에는, 상담에 대한 편견을 고려하며, 부모의 자녀교육에 대한 열의를 존중하고, 각 단계로 이행하기 전에 조금 더 많은 시간을 할애하고, 부모의 성역할을 존중하며, 컨설턴트가 보다 전문가로 인식되기 위해 노력하는 등의 특징이 드러났다. 이러한 결론은 우리나라의 컨설테이션 모델에는 우리의 문화적 현실이 고려되어야 함을 시사한다. 즉, 서구에서 효과적이었던 컨설테이션 모델이라 하더라도, 우리 학교나 가정의 독특한 특징이 반영되지 않으면 그 효과는 달라질 수 있다는 것이다.

다음의 각 절은 문제해결 모델의 각 과정별 주요 활동을 워크북 형태로 엮은 것이다. 이는 문제해결 모델의 기본적이고 핵심적인 내용을 질문 형태로 간략하게 제시하기 때문에 문제해결 모델 컨설테이션의 전반적인 흐름을 쉽게 이해할 수 있다. 부록에 제시되는 컨설테이션 사례 역시 이를 바탕으로 이루어졌다.

1. 문제정의

문제정의 단계의 주요 목표는 ① 컨설턴트와 컨설티 간의 협력적 관계 형성, ② 행동적 용어로 문제정의, ③ 여러 가지 문제 발생 상황, 선행사건, 후속결과 등에 대한 잠정적 정의, ④ 여러 상황에서의 문제 강도 · 빈도 · 정도의 파악, ⑤ 여러 상황에서의 문제 변화 목표에 대한 토론 및 합의, ⑥ 표집 계획, 기록 행동, 기록자, 기록 방법 등의 기초선 측정에 대한 절차 확립 등이다. 컨설턴트와 컨설티 간의 협력적 관계를 형성하고 가벼운 안부를 나눈 후에 컨설턴트가 다음의 질문을 순차적으로 하면서 컨설티와 함께 대답을 찾아 나갈 수 있다.

아동의 문제행동 구체화

1) 아동은 어떤 문제를 가지고 있는가?
2) 그 문제를 행동적 용어를 사용하여 구체적으로 기술할 수 있는가?
3) 그 행동이 나타났던 상황에 대한 예는 무엇인가?
4) 지금까지 이야기한 행동들 중 가장 문제가 되는 행동은

무엇인가? 즉, 가장 먼저 다루고 싶은 문제행동 한두 개를 선택할 수 있는가?

목표 행동 정의

- 목표 행동을 보다 정확하고 관찰 가능한 용어로 정의해 보자.

문제행동의 역사 탐색

1) 그 행동은 언제부터 나타났었나?
2) 문제가 지속된 기간은 어느 정도인가?

문제행동 발생 상황 탐색

1) 그 행동은 주로 어느 장소에서 나타나는가?
2) 문제행동이 나타나는 상황에 대한 예는 무엇인가?
3) 어떤 상황에서 그 행동은 가장 문제가 되나?

문제행동에 대한 기능적 분석

1) 그 문제행동이 나타나기 전에 보통 어떤 일이 있는가?
2) 그 행동에 영향을 미칠 만한 사건은 무엇인가? 반드시 직전에 일어난 사건이 아니라도 관련되어 있을 법한 상황과 사건은 무엇인가?
3) 문제행동이 일어난 후에는 보통 어떤 일이 있나?
4) 평소에는 그 행동을 어떻게 지도하는가?
5) 문제행동을 할 때 어떤 일들이 일어나는가?

6) 하루 중 그 행동이 가장 많이 일어나는 때는 언제인가? 또 가장 적게 일어나는 때는 언제인가?
7) 어떤 사건이나 활동이 문제행동을 가장 많이 일으키는가?
8) 누구와 함께 있을 때 문제행동이 가장 많이 나타나는가? 또 누구와 함께 있을 때 문제행동이 가장 적게 나타나는가?
9) 문제행동이 가장 많이 나타날 때는 얼마나 많은 사람들이 함께 있는가?
10) 그 밖에 문제 발생 상황의 특징은 어떤 것이 있는가?
11) 약물복용이나 합병증, 일상생활 등에서 문제행동에 영향을 미칠 만한 다른 사건에는 어떤 것이 있나?

문제행동의 정도 탐색

1) 문제행동은 얼마나 자주 나타나는가?
2) 문제행동은 얼마나 오래 지속되는가?

컨설테이션 목표 수립

1) 문제행동이 어느 정도까지 변화하기를 기대하는가?
2) 컨설테이션을 통해 어느 정도의 변화가 일어나면 만족스러운가?

현재의 절차

1) 이러한 문제를 다룰 때 적용하는 특별한 절차나 프로그램이 학교에 있는가?

2) 현재 이 문제와 관련해서 신행하고 있는 프로그램이나 활동이 있는가?

아동의 강점 및 자원, 강화물 탐색

1) 아동의 강점 및 자원은 무엇인가? 아동이 잘하는 것은 무엇인가?
2) 아동에게 강화가 될 만한 것은 무엇일까? 아동이 좋아하는 것은 무엇인가?

자료 수집 방법 절차

1) 약 일주일 동안 아동의 행동을 관찰하고 문제행동의 발생 정도를 측정할 방법에는 어떤 것이 있는가?
2) 그 방법을 적용하기 위해 준비해야 하는 것은 무엇인가?
3) 언제 관찰하는 것이 좋은가? 그 이유는 무엇인가?
4) 관찰을 도와줄 만한 사람이 있는가? 구체적으로 어느 정도의 도움을 받을 수 있는가?
5) 언제부터 자료 수집에 들어갈 수 있는가?

이후 컨설턴트와 컨설티는 다음 컨설테이션의 시간 및 장소를 확인하고 문제정의 회기를 종결한다.

2. 문제분석

문제분석 단계의 주요 목표는 ① 기초선 자료의 필요·충분조건에 대한 평가 및 합의, ② 관찰한 행동에 대한 기능적 분석, ③ 문제행동에 영향을 미치는 사건 상황, ④ 생태학적 조건 등의 규명이다. 이를 위해 컨설턴트는 컨설티에게 다음의 질문을 하고 함께 대답을 찾을 수 있다.

자료 수집에 대한 포괄적 탐색

1) 문제행동을 관찰하고 기록하는 일이 계획대로 진행되었는가? 그렇지 못했다면 어떤 부분 때문이었는가?
2) 기록에 의하면 문제의 심각성은 어느 정도인가? 강도 혹은 빈도는 어떠한가?

선행사건 분석

1) 문제행동이 발생하기 전에 어떤 일들이 있었나?
2) 어떤 것이 문제행동을 일으켰는가?

후속결과 분석

1) 문제행동이 발생한 후에는 어떤 일들이 있었나?
2) 어떤 결과가 문제행동을 지속시키는 것 같은가?

연계 상황 분석

1) 하루나 일주일 중에 문제가 가장 많이 나타나는 때는 언제인가?
2) 아동 행동에서 발견되는 패턴이 있는가?

행동 분석

- 문제행동과 관련되어 보이는 모든 상황을 정리해 보자. 아동이 문제행동을 하는 이유는 무엇인가?

개입계획 수립

1) 아동의 행동을 변화시키기 위해 우리가 할 수 있는 것은 무엇인가?
2) 그 이유는 무엇인가?
3) 만약 그 개입법을 쓸 수 없다면 대안적으로 어떤 방법을 취할 수 있는가?
4) 언제, 어떤 방법으로 개입할 수 있는가?
5) 개입을 위해 준비해야 할 것은 무엇인가?
6) 개입을 하는 과정에서 나타날 수 있는 문제점이나 어려움은 무엇인가?
7) 구체적인 개입 계획을 수립해 보자.

3. 개입평가

문제분석 단계의 주요 목표는 ① 컨설테이션의 목표 달성 여부 결정, ② 개입 계획의 효과성 평가, ③ 개입 계획의 유지, 수정, 종결 등과 관련된 전략 및 기술 토의, ④ 추가 인터뷰나 종결을 위한 일정 합의 등이다. 이를 위해 컨설턴트는 컨설티에게 다음의 질문을 하고 함께 대답을 찾아 나가야 한다.

목표 달성 여부 탐색

1) 개입 계획이 어떻게 진행되고 있는가?
2) 목표가 달성되었는가?

목표 달성이 안 된 경우

1) 목표 달성에 이르지 못했다면, 무엇 때문인가?
2) 어떤 절차를 변화시키면 문제행동을 변화시킬 수 있을것 같은가?
3) 어떤 다른 개입법을 쓸 수 있는가?
4) 수정된 절차를 언제, 어떻게 적용할지 계획을 세워 보자.

목표 달성이 된 경우

1) 우리의 개입이 아동을 변화시킨 것이라고 생각하는가? 그 이유는 무엇인가?

2) 이 개입이 비슷한 문제행동을 가진 다른 아동에게도 적용될 수 있는가?
3) 이 개입법을 얼마나 더 지속하는 것이 좋은가?
4) 어떻게 하면 아동의 변화된 행동을 다른 장면이나 다른 행동 상황에서도 나타나게 할 수 있는가? 아동의 변화된 행동을 지속시키기 위해 어떤 절차를 사용할 수 있는가?
5) 이후에도 긍정적 변화가 계속되는 것을 어떻게 측정할 수 있는가?

컨설테이션의 필요성 탐색

아동의 변화를 점검하기 위해 다시 만나는 것이 필요하다고 판단하는가? 일반적으로 컨설턴트와 컨설티는 이제 더 이상의 컨설테이션이 필요하지 않다는 결론에 합의하고 컨설테이션을 종결하게 된다. 하지만 문제행동의 변화를 더욱 공고히 하기 위해 컨설테이션을 1~2회 연장하거나 다른 문제행동을 변화시키기 위한 새로운 컨설테이션을 시작할 수도 있다.

5 학교현장 적용사례

본 사례는 일반교사를 대상으로 실시한 컨설테이션 결과의 일부다. 컨설티는 현직 초등교사였으며, 이들의 학급에서 가장 주의가 산만하거나 여타의 문제행동을 많이 나타내는 아동이 내담자로 선정되었다. 컨설테이션은 주 1회 2시간씩 총 5회에 걸쳐, 문제해결 중심 컨설테이션 모델에 기초한 워크북에 의해 진행되었다.

사례 1

컨설티: 홍성미(초등학교 교사)

1) 내담자 인적 사항

- ▶ 이 름 : 이남훈(가명)
- ▶ 성 별 : 남
- ▶ 학 년 : 4학년
- ▶ 가족관계 : 아빠, 엄마, 여동생(3세)

2) 내담자 행동 특징 및 선택 이유

▶ 남훈이는 외향적이기보다는 내성적인 성격이나 자기 주장과 고집은 센 편입니다.

자신의 기분이나 생각과 맞지 않거나 어떤 일이 내키지 않으면 무기력해지거나 부정적으로 변해 버립니다. 그래서 수업시간 중 남훈이는 대부분의 시간 동안 자기 손을 만지작거리거나 색종이를 접는 등 수업활동에 무관심한 태도를 보이고, 해야 할 과제를 하지 않는 일이 많습니다.

교사가 지적을 하거나 야단을 치면 못 이기는 척 움직이지만 결국 과제를 수행하지 않으며 얼굴에는 불만이 가득한 표정입니다. 특별하게 친구들과 다투거나 하는 일이 없이 무기력합니다. 하지만 기분이 좋은 날은 다른 어떤 아이들보다 적극적이고 선생님을 생각해 주기도 합니다. 3월 초 남훈이의 돌발적 행동에 답답해 하던 중 이야기를 나눈 적이 있었는데, 남훈이는 개인적으로 이야기하면 잘 듣고 따르며 이해하려고 하는 아이였습니다. 남훈이에게 나타나는 행동의 원인을 잘 이해하여 그 부분에 맞는 개입을 시도한다면 남훈이는 자신의 행동을 변화시킬 수 있고, 학교생활을 더욱 즐겁게 할 수 있을 거라는 생각이 들었습니다.

3) 내담자 장단점

▶ 장점

① 의사표현이 솔직하고, 옳고 그름에 대한 판단을 정확히 하는 편이다.

② 성격이 정직하고, 꼼꼼하다.

③ 선생님을 비롯한 사람에 대한 정이 있다.

④ 칭찬을 하면 긍정적으로 바뀐다(태도가 변한다.).

⑤ 학급일 등 맡은 일에 책임감을 갖고 임한다.

▶ 단점

① 고집이 세다.

② 기분의 변화가 심하다.

③ 하기 싫은 일은 아예 하지 않으려 한다.

4) 컨설티가 평가하는 내담자 문제의 원인

▶ 아동의 문제의 원인은 가정으로부터 비롯된 것으로 자신의 불만이나 생각을 교류할 수 있는 대화상대가 부족해 정서적으로 소극적인 아이가 되어 있다는 것이다. 부모님과의 면담 시 부모님은 남훈이가 집에서는 이러한 특성이 더욱 심각하게 나타나고 있다고 말했다. 여동생이 생기면서 부모님 관심이 급격히 줄어들고 대화가 단절되면서 남훈이가 변하였고, 학교생활도 힘들어졌다고 한다. 교사로서 평가하는 남훈이의 문제행동의 원인도 거기에 있다. 다만, 남훈이가 가정으로부터 가지고 있는 정서적 결핍이나 불만들을 학교에서 교사의 관심이나 친구들과의 적극적 유대관계로 풀지 못하면서 남훈이 스스로가 행동을 왜곡되게 변화시켜 온 것이라고 판단된다.

1. 관찰 행동: 체크리스트 항목에 해당되는 행동으로, 수업시간 중에 개인과제를 수행하지 않고 손톱을 물어뜯거나 어떤 물건

을 만지며 불만에 찬 얼굴로 앉아 있거나 아무런 의욕 없이 앉아 있으며, 모둠활동에도 비협조적인 태도 등 5가지 행동

2. 관찰 방법: 담임교사의 관찰 및 동료교사의 관찰 기록, 학급 아이들과의 대화
3. 관찰 시간: 학교 일과 중 지속적으로 관찰하되, 단위교과 시간인 40분 단위로 끊어서 관찰

5) 컨설테이션 과정

(1) 문제 정의

1-1 아동은 어떤 문제를 가지고 있습니까?

· 감정의 기복이 심하며 자신의 감정 표현을 적절하게 하지 못하고 타인에 대한 불만이 많고, 주로 학습활동에 있어서 무기력한 행동이 나타나며 본인이 내키지 않는 일을 하면 더욱 부정적으로 변한다.

1-2 그 문제를 조금 더 구체적인 행동적 용어를 사용하여 말씀해 주시겠습니까?

· 특별한 사건이나 원인 없이도 자기의 기분에 따라 행동이 수시로 변한다. 교사나 친구를 대하는 행동이 밝고 긍정적이었다가도 갑자기 신경질적으로 돌변하기도 한다. 이런 감정의 기복은 학습활동에 영향을 미친다. 과제 수행을 하지 않거나 모둠활동

에 참여하지 않고 불만스러운 표정으로 앉아 있으며 아무 말이나 툭툭 던지는 등 아무렇게나 행동을 하려고 한다.

1-3 그 행동이 나타났던 상황에 대한 예를 들어주십시오.

· 하루 동안 남훈이의 얼굴표정과 정서는 잦은 변화를 일으킨다. 1교시에는 대답도 잘 하고 적극적으로 발표하다가도 2교시가 되면 별다른 이유 없이 책을 꺼내 놓지도 않고 손톱을 계속 물어뜯고 있다. 그러다가 종이접기 책을 꺼내 놓고는 계속 종이접기를 하고 있다. 교사가 지적을 하면 아주 천천히 반응을 하고 행동을 멈추지만 수업시간에 수행해야 할 과제나 활동을 거의 하지 않는다.

· 교사가 꾸중을 하면 굳은 표정으로 앉아 있을 뿐 별다른 행동을 취하지 않고 같은 모둠원 친구들에게도 예민하게 대한다.

1-4 지금까지 말씀하신 행동들 중 가장 문제가 되는 행동은 무엇입니까? 가장 먼저 다루고 싶은 문제행동을 한두 개 선택해 주십시오.

· 기분이 내키지 않는다고 학습활동을 하지 않고 무기력하게 있는 행동

· 자기의 생각과 맞지 않으면 부정적으로 변하고 행동하는 것

1-5 목표 행동을 보다 정확하고 관찰 가능한 용어로 정의해 봅시다.

· 밝은 얼굴표정으로 학습활동에 적극적으로 참여하며 수업에

집중한다.

· 모둠활동에 협조하며 주어진 과제를 적정한 시간 안에 해결한다.

2-1 그 행동은 언제부터 나타났었나요? 문제가 지속된 기간은 어느 정도인가요?

· 교사가 관찰한 바로는 4학년에 올라온 3월 학기 초부터 현재까지 꾸준히 지속되었다. 그러나 부모님의 조언에 의하면 그보다 훨씬 이전인 3학년 때가 학교생활에 가장 적응하기 힘든 시기였다고 한다. 15개월 이상 지속되어 온 문제로 2학년 중반 전학오면서부터 문제행동이 나타났다고 한다.

2-2 그 행동은 주로 어느 장소에서 나타나나요?

· 주로 수업시간 중 교실이나 운동장에서 나타난다.

2-3 문제행동이 나타나는 상황에 대한 예를 들어주세요.

· 아침에 등교한 남훈이는 선생님과 반갑게 인사를 하고 아침을 맞는다. 1교시 국어 수업시간이 되었다. 그러나 남훈이의 얼굴 표정은 아침과 달리 어둡고, 교과서를 꺼내 놓고는 있지만 다른 아이들처럼 교사의 물음에 답을 하거나 책에 필기하는 활동, 발표 등을 거의 하지 않고, 무관심하게 자신의 손만 계속 만지작거리고 있다. 교사가 여러 차례 타이르지만 행동의 변화는 나타나지 않고, 결국 야단을 쳐도 굳은 표정으로 입을 다물

고 아무 말도 하지 않는다. 교사는 답답하다. 방과 후 개인적으로 불러서 이야기를 나누면 자신의 잘못을 수긍한다.

· 비슷한 상황이 반복되고 있다.

2-4 어떤 상황에서 그 행동은 가장 문제가 되나요?

· 수업시간 중에 학습활동을 하지 않기 때문에 개인적인 학습 결손이 생긴다. 다른 아동들처럼 과제를 수행하지 않거나 학습활동을 하지 않는 것에 대해 무시하고 넘어갈 수만은 없는 상황이다. 수업시간 중 남훈이에 대해 빈번히 지적하는 상황은 아이들에게 지훈이라는 아이에 대해 부정적인 인상을 심어 주며 수업의 진행에도 영향을 끼친다.

· 모둠활동이나 짝활동이 빈번히 이루어지는 상황에서 아이들에게 피해가 갈 뿐아니라 수업시간 중 남훈이의 태도에 대해 학급 아이들이 이해할 수 없다는 태도이므로 문제가 될 소지가 크다.

3-1 그 문제행동이 나타나기 전에 보통 어떤 일이 있나요?

· 문제행동의 직접적 원인이 되는 특별한 사건은 보통 일어나지 않았다. 대개 수업시간 중이거나 해야 할 과제를 주는 경우에 아주 작은 일에도 예민하게 반응하기 때문에 남훈이의 입장에서 다양한 상황이 예상되지만 어떤 사건보다는 자신의 기분이 내키지 않거나 좋아하는 일이 아니면 부정적으로 변하거나 멋대로 행동하는 경향이 강하다.

3-2 그 행동에 영향을 미칠 만한 사건은 무엇인가요? 반드시 직전에 일어난 사건이 아니라도 괜찮습니다. 관련되어 있을 법한 모든 상황 및 사건을 기술해 주세요.

- 집에서 부모님이 여동생에게만 관심을 가진다고 느낄 때
- 부모님이 남훈이와 이야기하거나 함께하는 시간을 못 가질 때
- 학급아이가 남훈이의 기분을 언짢게 할 때
- 하기 싫거나 귀찮은 것을 과제로 내주거나 하라고 할 때
- 교사의 인정이나 관심이 원하는 만큼 미치지 못한다고 느낄 때

3-3 문제행동이 일어난 후에는 보통 어떤 일이 있나요?

- 문제행동에 대해 교사는 지적을 하지만 남훈이는 문제행동을 쉽게 바꾸지 않는다. 심하게 꾸중을 하면 남훈이는 아무 말 없이 듣고 언제 그랬냐는 듯 다시 자기 할 일을 한다.

3-4 그 행동을 평소에는 어떻게 지도하시나요?

- 수업시간 중 몇 번 타이르다가 아이의 행동에 변화가 없으면 아이의 행동에 대해 조목조목 잘못된 점을 짚어 가며 이야기하되 다른 아이들과 똑같이 잘못을 했을 때 받기로 한 벌을 동일하게 준다.
- 심하게 혼나거나 꾸중을 들었을 때는 쉬는 시간이나 점심시간에 따로 만나 이야기를 나누는 시간을 갖고 마무리를 해 준다.

3-5 문제행동을 할 때 또 어떤 일들이 일어나나요?

· 한 가지 물건을 계속 만지작거리거나 고개를 숙이고 있기도 하고 옆의 친구에게 짜증을 부리기도 한다.

· 질문에 반대로 대답하거나 과장된 목소리로 대답한다.

· 돌발행동(체육시간에 운동장에 있다가 마음대로 들어가 버림)이나 질문을 한다.

3-6 하루 중 그 행동이 가장 많이 일어나는 때는 언제인가요? 또 가장 적게 일어나는 때는 언제인가요?

· 가장 많이 일어나는 때: 수업시간 중
주지교과시간 중에 가장 많이 일어난다.

· 가장 적게 일어나는 때:
점심시간(급식시간), 청소시간, 쉬는 시간

3-7 어떤 활동이 문제행동을 가장 많이 일으키나요?

· 교사의 설명에 집중해야 하는 시간, 특히 필기를 해야 하거나 문제를 풀어야 하는 등의 수행활동 과제가 주어지는 경우 하기 싫은 활동을 모둠원들과 함께하라고 할 때 문제행동을 빈번히 일으킨다.

3-8 누구와 함께 있을 때 문제행동이 가장 많이 나타나나요? 또 누구와 함께 있을 때 문제행동이 가장 적게 나타나나요?

· 여러 명 또는 학급 아이들 속에 있을 때 문제행동이 많이 나타나며 교사와 일대일로 이야기하거나 행동을 해야 할 때는 문제행동이 현저히 적게 나타난다.

3-9 문제가 가장 많이 나타날 때는 얼마나 많은 사람들이 함께 있었나요?

· 학급 아이들(약 40명)과 함께 있다.

3-10 그 밖에 문제 상황이 발생한 후의 특징에 또 어떤 것이 있습니까?

· 남훈이는 교사의 강한 꾸중에 크게 개의치 않는다. 남훈이와의 평소 면담 과정에서 선생님에게 혼나는 것이 속상하거나 기분 나쁘지 않다고 했다. 문제행동 때문에 크게 혼난 날이라도 남훈이는 선생님을 위해 스스로 봉사를 하거나 착한 행동을 하는 등 행동의 기복이 크다.

3-11 약물 복용이나 합병증, 일상생활 등에서 문제행동에 영향을 미칠 만한 다른 사건은 어떤 것이 있었나요?

· 남훈이는 부모님과 대화하고 싶어 하나 대화의 시간이 절대적으로 부족하다.

· 어린 여동생이 아빠에게 애교를 부리지만 남훈이는 부모님께 퉁명스럽고 말없는 아이이다.

· 남훈이는 집에서 말이 없고 자기 표현을 하지 않으며 표정이

어둡다고 한다.

4. 문제행동은 얼마나 자주 나타나나요? 그리고 얼마나 오래 지속되나요?

· 문제행동은 매일 나타난다. 학교일과를 평균(1~6교시) 6교시로 하고 40분 단위로 끊어서 측정하였을 때 매 교시 3~5회 나타나서 하루 동안 총 15~19회 문제행동이 나타나고, 문제행동의 지속시간의 합을 체크한 결과 매 시간 20~30분간 지속되는 것으로 측정되었다.

■ 문제행동 빈도 체크리스트 참고 ■

5-1 문제행동이 어느 정도까지 변화하기를 기대하십니까? 컨설테이션을 통해 어느 정도의 변화가 일어나면 만족스러울까요?

· 수업시간에 교사의 말에 집중하며 적절하게 반응을 하는 등 적극적으로 참여한다.

· 기분이 내키지 않더라도 스스로 노력하여 개인 및 모둠 과제를 수행한다.

5-2 현재 이 문제와 관련해서 진행하고 있는 프로그램이나 활동이 있습니까? 보통 이 문제는 어떻게 다루어졌습니까?

· 3월 학기 초에 남훈이의 감정조절 문제와 문제행동에 관한 일로 상담을 하는 과정에서 남훈이와 개인적으로 친구가 되기로 약속을 하였다. 그래서 속상하거나 해결되지 않는 문제가 있을

때 서로 이야기해 주기로 하였다. 남훈이의 문제행동이 더 나아지지는 않았지만 이 점을 항상 서로 인식하고 있다. 문제가 생길 때마다 다른 아이들과 마찬가지로 문제 상황에 대해 지적을 받고 그리고 난 후 개인적으로 대화를 나누었다.

5-3 아동의 강점은 무엇입니까? 아동이 잘하는 것은 무엇입니까?

· 남훈이는 머리가 좋은 편이며 이해력이 빠르다. 기본 학습능력이 우수하지만 집중력과 감정을 관리하는 능력과 의지가 약하다.

· 본인이 좋아하는 활동이나 분야(축구, 종이접기, 컴퓨터게임)에 대해서는 적극적이며 잘한다.

· 표현을 많이 하지는 않지만 정이 많고 기본적으로 사람에 대한 관심이 있다.

5-4 아동에게 강화가 될 만한 것은 무엇일까요? 아동이 좋아하는 것은 무엇입니까?

· 학급에서 운영하고 있는 강화물로 칭찬통장이 있다. 학급 아이들이 모두 통장을 하나씩 가지고 있고 약속된 칭찬의 항목이 있는데 칭찬받을 행동을 할 때 칭찬의 수를 저축하기도 하고 꾸중으로 칭찬을 감하기도 한다. 칭찬을 일정 수만큼 저축하게 되면 이자가 붙고 아이들이 좋아하는 쿠폰을 받게 되는데 남훈이도 칭찬통장에 큰 의미를 부여하고 있다. 지훈이는 먹는 것을 좋아하며 책과 선물을 좋아한다.

6-1 약 일주일 동안 아동의 행동을 관찰하고 문제행동의 발생 정도를 측정할 것입니다. 이를 통해 우리가 미처 알지 못했던 것도 발견할 수 있고, 개입의 방향도 결정할 수 있을 것입니다. 행동을 관찰할 수 있는 방법은 어떤 것이 있을까요?

· 5가지 문제행동의 항목을 정하여 1교시부터 6교시까지 문제행동이 주로 발생하는 수업시간 중에만 40분 단위로 체크하기

· 아동의 행동 특성 및 문제행동을 수첩에 자세히 기록하기

6-2 그 방법을 적용하기 위해 무엇을 준비해야 할까요?

· 기초선 측정을 위한 문제행동 빈도 측정표 작성하기

– 지속시간은 하나의 문제행동에 대해서가 아닌 문제행동 항목으로 정한 전체 문제행동의 지속시간의 합을 알아보고자 하였다.

– 전체 시간에 대한 문제행동이 나타나는 시간의 비율을 알 수 있다.

· 담임교사 외 수업시간 전담교사에게 측정 부탁하기

– 측정방법을 이야기하고 되도록 세심한 측정 부탁하기

6-3 언제 관찰하는 것이 좋을까요? 그 이유는 무엇인가요?

· 수업시간 중 지속적으로 관찰이 필요하다. 남훈이의 문제행동은 수업시간에 꾸준히 지속적으로 나타나며 이에 심각성이 있다. 교사가 수업을 이끌어 나가는 과정에서 눈으로 관찰하여 체크하고, 문제행동의 지속시간은 40분에서 문제행동을 하지

않는 시간을 제외하는 것으로 측정하였다. 매 시간 끝날 때마다 측정표에 기록하는 방법으로 관찰한다.

6-4 관찰을 도와줄 만한 사람이 있나요? 구체적으로 어느 정도의 도움을 받을 수 있습니까?

· 남훈이와 함께 앉아 있는 짝과 모둠원들에게 친구가 하기 싫어하는 것을 도와주라고 이야기한 후 모둠원들에게 활동의 결과를 물어보거나 평가하는 과정에서 도움을 받을 수 있으며, 교과전담교사의 도움을 필수적으로 받아야 제대로 된 빈도측정이 이루어질 것 같다.

6-5 언제부터 자료 수집에 들어갈 수 있을까요?

· 6월 2일부터 기초선 측정을 위한 빈도 측정 및 자료 수집에 들어간다.

(2) 문제분석

1-1 문제행동을 관찰하고 기록하는 일이 계획대로 진행되었습니까? 그렇지 못했다면 어떤 부분 때문이었습니까?

· 비교적 계획대로 진행되었다. 그러나 수업 중 우발적 사건(갑자기 교무실에 가야 하거나 교실을 비우는 경우)으로 인하여 계획을 진행하는 데 어려움이 있었다.

1-2 기록에 의하면 문제의 심각성은 어느 정도입니까? (강도, 빈도)

· 40분 수업 중에 1/3 이상 또는 절반에 해당하는 시간 동안 수업에 제대로 참여하지 않거나 과제를 무시하는 등의 문제행동이 매일 나타나는 것으로 보아 개입의 절대적 필요성 및 심각성이 느껴졌다.

2-1 문제행동이 발생하기 전에 어떤 일들이 있었나요? 어떤 것이 이 문제행동을 일으켰을까요?

· 문제행동 발생 전에 특별한 일이 있지 않은 경우가 더 많았다. 문제행동의 관찰 결과 친구와의 다툼이나 특별한 사건은 일어나지 않았어도 문제행동은 일어났다. 남훈이의 상황에 대한 생각이나 기호, 기분 상태가 어떻게 바뀌는지가 행동을 결정하는 데 더 큰 영향을 미친다는 분석이다. 이는 남훈이와의 대화를 통해서도 알 수 있었다.

2-2 문제행동 이후에는 무슨 일이 생기나요? 어떤 결과가 문제행동을 지속시키는 것 같으세요?

· 교사가 문제를 지적하므로 수업의 흐름이 깨지거나 아동이 문제행동을 하는 과정에서 친구들과 다툼이나 문제가 생기기도 한다.

· 교사가 친구들 앞에서 남훈이를 꾸중하는 횟수를 줄이기 위해 행동을 무시하거나(모른 척해 주거나) 타이르는 말로 하는 경

우 또는 모둠원과 친구들이 남훈이의 문제행동을 받아주고 친절하게 해 주는 경우 지훈이는 오히려 문제행동을 지속하는 것으로 나타났다.

2-3 하루나 일주일 중에 가장 문제가 많이 나타나는 때는 언제인가요? 아동 행동에서 어떤 패턴이 발견되나요?

· 일주일 중 꾸준히 나타나는 편이며 주지과목이 많이 들어 있는 날, 학습량이 많은 날 빈도수가 많이 나타났다.

2-4 문제행동과 관련되어 보이는 모든 상황을 정리해 봅시다.

· 수행해야 할 개인 과제를 전혀 하지 않음(글쓰기, 문제풀기, 발표하기, 교과서 보기)
· 모둠활동을 하지 않음
· 불만스러운 얼굴표정으로 자신의 손을 계속 만지작거리고 있음
· 특정한 물건을 계속 만짐(고무줄, 필통, 교과서, 색종이)
· 돌발행동 그리고 규칙에 어긋난 말이나 행동을 함(체육시간에 혼자 교실로 들어와 버리기)

2-5 아동이 이 행동을 하는 이유는 무엇일까요?

· 싫어하거나 내키지 않는 행동은 절대 하고 싶어 하지 않아 하는 고집스러운 성격이 있다(글씨를 많이 쓰는 것을 특히 싫어한다).
· 교사의 관심이나 애정을 받고 싶어 하는 강한 욕구가 있다(가정

에서 부모와의 충분한 대화부족으로 그 욕구가 결핍된 상태다).

· 자신의 기분이나 생각을 표현하기보다는 알아주기를 바라는 내성적 성격을 가졌다.

3–1 아동의 행동을 변화시키기 위해 우리가 할 수 있는 것은 무엇일까요?

· 아동 개인에 대한 관심을 표현하고 주기적으로 대화하기

· 행동 약속하고 점검해 주기

· 칭찬해 주기(잘한 행동을 적극적으로 강화하기)

3–2 그 이유는 무엇인가요?

· 남훈이는 자기 의사표현을 하고 싶어 하지만 그동안 의사표현을 했을 때 받아 주고 이해해 주는 상대가 부족했고, 그것이 누적되어 아예 표현하지 않거나 왜곡해서 표현하는 것으로 판단된다. 하기 싫어하는 것을 했을 때 돌아오는 성취감을 인정해 줄 상대(교사나 부모)가 적절한 강화를 하지 못했기 때문에 귀찮거나 어려운 과제에 대한 동기유발도 되지 않았을 것이라 짐작되었다. 그러한 이유로 좀 더 적극적인 대화와 칭찬의 방법이 효과적일 것이라고 판단된다. 대화의 과정에서 지훈이의 행동을 체크해 주는 일도 중요하다.

3–3 만약 그 개입법을 쓸 수 없다면 대안적인 개입법은 무엇이 있을까요?

· 여러 가지 제약으로 대화를 할 수 없는 경우에는 남훈이와 선생님의 대화 일기장을 만들어 주고받는 방법으로 지훈이의 마음이나 생각을 글로 표현할 수 있는 기회를 만들어 준다.

3-4 언제, 어떤 방법으로 개입법을 쓸 수 있을까요?

· 2일에 1회 방과 후 20분 동안 남훈이와 대화하기(학교에서 있었던 일, 질문에 답하기, 심부름하기 등)

· 약속지키기: 하루 일과를 시작해서 끝날 때까지 남훈이가 칭찬 세 번 받기(교사는 지훈이의 행동을 세심하게 관찰하여 칭찬거리를 찾아내 칭찬하도록 노력)

· 매일 아침 약속 확인해 주기

· 2일에 1회 자기평가지 작성하기

3-5 개입을 위해 준비해야 할 것은 무엇일까요?

· 자기평가지 만들기 : 남훈이가 하루 동안의 학교생활을 스스로 체크해 보고 답하는 자기 평가지

· 남훈이와 대화 후에 또는 심부름(임무)을 한 후에 줄 수 있는 간식(강화물)

· 남훈이와 대화하기로 한 날 시간 비워두기(약속하기)

3-6 개입하는 과정에서 나타날 수 있는 문제점이나 어려운 점은 무엇이 있을까요?

· 시간을 일정하게 지키는 일이 어려웠다(남훈이의 과외수업, 교

사이 일 등).

3-7 개입계획을 수립해 봅시다.

1. 문제행동 시 – 다른 아이들과 똑같이 객관적으로 논박하거나 지적함
   무시하지 않음 → 무시하고 지나치면 오히려 행동이 강화되거나 문제행동을 지속함
2. 칭찬할 거리를 찾아 하루에 세 번 이상 칭찬하기
3. 2일에 한 번 만나 대화하기와 자기평가지 작성하기
   (남훈이가 선생님에게 하고 싶은 이야기하기, 선생님도 지훈이에게 이야기 들려주기 → 친밀감 형성)

· 개입을 하는 동안에도 계속적으로 아동 행동을 관찰해서 기록하시기를 권해 드립니다.

(3) 개입평가

1. 개입계획이 어떻게 진행되고 있습니까?

· 계획한 대로 2일에 한 번 방과 후 만나서 남훈이와의 대화를 시도함
  – 그날 학교생활에 대해 묻고 대답하기
  – 약속 확인하기(칭찬 3번) → 강화받기
  – 자기평가지 작성하기

· 개입 후 문제행동의 빈도 측정

- 측정표는 기초선 측정을 위한 문제행동 빈도 측정표와 같은 양식으로 함

2. 목표가 달성되었습니까?

· 목표가 달성되었습니다.
  - 학습활동에 적극적으로 참여하고 수업에 집중하며 얼굴표정이 밝아졌습니다.
  - 모둠활동에 협조하며 주어진 과제를 적정한 시간 안에 해결하려고 노력합니다.

⇒ 문제행동의 빈도와 지속시간이 급격히 줄어들었습니다.

3-1 우리의 개입이 아동을 변화시킨 것이라고 생각하십니까? 그 이유는 무엇입니까?

· 개입을 시작한 바로 다음 날부터 남훈이는 굉장히 달라진 모습을 보였다. 우선, 남훈이는 문제행동의 원인을 찾기 위해 실시하였던 교사와의 대화를 통해 자신의 문제점을 이야기했고, 자신의 생각을 솔직하게 이야기해 주었다. 대화 과정에서 교사에 대한 관심과 신뢰, 정이 있음을 느꼈고, 필기하는 것이 매우 싫다고 하였다(개입 시 참고사항). 그리고 그것을 토대로 개입을 한 결과 남훈이는 교사와의 약속을 지키기 위해 노력하였으며 그 과정에서 칭찬을 받고, 스스로 기분이 좋아지고 보람을 느끼게 되었다고 스스로 평가하였다.

· 우리가 한 개입 이외의 변화요인은 없었으며 남훈이 스스로가

개입요인을 인식하고 있으며 그로 인한 변화에 스스로 만족함을 표현했다.

3–2 이 개입이 비슷한 문제행동을 가진 다른 아동에게도 적용될 수 있을까요?

· 문제행동(다양한 증상으로 세분화했음)의 원인을 정확히 파악하면 비슷한 원인을 가진 다른 아동의 경우에도 개입의 효과가 있을 것이다. 어떤 사건 자체가 직접적 원인이 아니라 남훈이처럼 정서적 문제의 원인을 갖고 있는 경우가 그러하다. 남훈이에게 나타난 문제행동은 남훈이의 정서적 문제가 해결되면 스스로의 의지에 의해 개선할 수 있는 문제였던 것이다.

· 부모나 교사의 관심과 애정(칭찬)은 남훈이에게 내키지 않거나 하기 싫은 활동도 하게 할 수 있는 활력제가 되었다. 남훈이와 교사와의 래포가 형성된 후 대화를 통해 남훈이의 이야기를 들어주고, 관심을 기울여 주며 약속을 하는 과정에서 문제행동의 필요성이 없어진 것이다.

3–3 이 개입을 얼마나 더 지속하는 것이 좋을까요?

· 개입 후에도 문제행동은 가끔 나타나지만 다른 아동과 비교하여 문제시될 만큼은 아니다. 그러나 원인이 단기적으로 형성된 것이 아니며 남훈이의 정서나 생각과 관련된 면이 크기 때문에 개입이나 강화의 빈도를 차츰 줄여 나가되 꾸준히 적어도 3~4개월 이상 지속해야 내면화에 도움이 될 것 같다.

· 대안적 개입방법을 사용하여 꾸준히 남훈이에 대한 관심을 표시해 주는 일도 바람직하다.

예) 남훈이와의 대화시간: 2일에 1회(일주일 간) → 7일에 1회(1달 간) → 1달에 1회

3–4 어떻게 하면 아동의 변화된 행동을 다른 장면이나 다른 행동 상황에서도 나타나게 할 수 있을까요? 아동의 변화된 행동을 지속시키기 위해 어떤 절차를 사용할 수 있을까요?

· 아동 자신의 정서나 생각을 바꾸면서 자신의 행동을 변화시키려고 스스로 노력하는 과정이므로 아동의 행동은 장면이나 상황이 바뀌더라도 유지될 수 있을 가능성이 높다. 다만 그것이 행동으로 습관화되어 계속 지속할 수 있을 때까지 교사의 간헐적 개입 과정도 멈추지 않도록 해야 한다. 교실이 아닌 다른 상황에서도 지훈이에게 대화의 기회를 제공하며 행동의 변화에 대해 대화한다.

3–5 이후에도 긍정적 변화가 계속되는 것을 어떻게 측정할 수 있을까요?

· 행동 관찰 및 강화물로 제시하였던 칭찬통장의 기록을 통해 행동의 변화 내용을 측정하고 한 달에 한 번 정도 자기평가 및 교사와의 대화시간을 갖는다.

6) 컨설테이션 종결 후 소감

남훈이의 행동을 지켜보는 것이 교사로서 무척 답답하고 화가 날 때가 많았습니다. 학기 초 아이들 앞에서 꾸중을 하면 남훈이의 태도는 교사에 대해 불만이 있는 아이처럼 입을 꾹 다물고 굳은 표정으로 아무 말도 안 하는 게 전부였습니다. 그리고 몇 차례 개인적으로 불러서 이야기를 하면 조금씩 입을 열어 잘못된 행동을 인정하는 모습을 보였지만 문제행동은 다시 반복되었습니다. 부모님과의 상담을 통해 그동안의 남훈이의 학교생활이나 가정에서의 모습 등을 듣고 원인에 대해서 나름대로 고민하며 분석하고 있을 무렵 컨설테이션을 시작하게 되었습니다.

문제행동의 빈도를 측정하고 원인을 분석하여 개입내용을 정하였습니다. 참 다행이었던 것은 남훈이가 교사의 말을 받아들일 마음의 준비가 되어 있었다는 것과 진짜 속마음은 교사에게 다가와서 자신의 이야기를 하고 싶어 한다는 것이었습니다. 그 점을 개입 상황에 충분히 적용하려고 노력하였습니다. 빈도 측정부터 원인분석, 개입, 개입평가에 이르기까지 미흡한 점이 많지만 남훈이가 변화하고 있고, 문제행동이 현저하게 줄었을 뿐 아니라 얼굴표정이 밝아진 것에 교사로서 뿌듯한 마음이 들었습니다. 왜 좀 더 일찍 남훈이의 문제행동을 바로잡아 주지 못했을까 하는 생각도 들었습니다. 무엇보다 남훈이의 지금의 행동 변화가 지속되도록 꾸준히 관심을 가져야겠다고 생각했습니다.

〈첨부〉

《 기초선 측정을 위한 문제행동 빈도 체크표 》

– 문제행동 발생 시 ○표시 하고 행동의 지속시간을 적어 넣음

6월 2일

시간 / 문제행동을 세분화	1교시	2교시	3교시	4교시	5교시	6교시
① 수행해야 할 개인과제를 하지 않음(글쓰기, 문제풀기, 발표하기, 교과서 보기)	○	○		○	○	
② 모둠활동을 하지 않음	○		○			○
③ 불만스러운 얼굴표정으로 자신의 손을 계속 만지작거리고 있음	○	○		○	○	○
④ 특정한 물건을 계속 만짐	○	○		○	○	○
⑤ 돌발행동이나 규칙에 어긋난 말이나 행동을 함	○					○
문제행동(①~⑤)의 지속 시간	30분	25분	10분	30분	20분	30분

문제행동의 발생 빈도 측정을 위해 위의 체크리스트로 4일간 매일, 40분 단위로 매 교시 측정한 결과 ①~⑤ 중에 한 개의 행동이 측정되는 빈도는 다음과 같았다.

6/2 – 문제행동 발생(①~⑤ 중) : 19회(지속 시간 합 / 145분)

6/3 – 문제행동 발생(①~⑤ 중) : 15회(지속 시간 합 / 130분)

6/6 – 문제행동 발생(①~⑤ 중) : 19회(지속 시간 합 / 140분)

6/7 – 문제행동 발생(①~⑤ 중) : 17회(지속 시간 합 / 135분)

《 개입을 통한 행동의 변화 기록하기(교사용) 》

항목 / 시기	개 입	아동의 행동 서술
6월 7일 (화)	방과 후 상담 – 내일 3회 칭찬받기 약속 (학급에 칭찬을 저축하는 통장을 만들어 운영 중) – 2에 한 번 만나서 이야기하기로 함	수업시간 중에 글씨를 쓰는 것이 싫다고 함, 자기의 기분과 귀찮은 것을 참고해야 하는 조절능력의 필요성, 칭찬받기 약속, 교사와의 면담약속을 지키기로 함(2일 1회)
6월 8일 (수)	– 칭찬 3회 받기 약속 – 지훈과 만남 20분 (자기평가지 작성)	음악, 영어, 읽기시간에 매우 바른 태도로 임함. 특히, 읽기시간, 바른 필기와 자세, 적극적 발표자세가 돋보임(칭찬 4회), 4교시 체육시간에는 줄넘기가 없음, 우유상자를 잘 정리하고 갖다 놓음, – 자기평가: 만족
6월 9일 (목)	– 칭찬 3회 받기 약속	1, 2교시 빈요구르트통을 만지작거림, 수학 익힘을 제대로 안함. 3, 4교시에 수학 익힘을 풀어서 검사(칭찬), 우유상자 정리를 잘함(칭찬), 급식을 잘 먹음(칭찬), 친구들과 사이좋게 지냈음(칭찬)
6월 10일 (금)	– 칭찬 3회 받기 약속 – 지훈과 만남 20분 (자기평가지 작성)	아침 자습(수학문제 풀기) 느리게 다 함, 1교시 읽기시간에 학습에 잘 참여함. 줄넘기를 열심히 함(칭찬), 청소를 열심히 함(칭찬), 느낀 점 쓰기 잘 안 됨. – 자기평가: 만족(기분 좋았고 열심히 하고 싶다.)
6월 11일 (토)	– 칭찬 3회 받기 약속	영상물을 집중해서 잘 봄, 읽기 · 체육 시간 적극적이고 즐겁게 활동함, 칭찬 받음
6월 13일 (월)	– 칭찬 3회 받기 약속 – 지훈과 만남 20분 (자기평가지 작성)	수학시간 자세가 바르고 집중을 잘하려고 함, 3교시에 뒷자리 친구와 말다툼, 국어시간에 필기를 잘 하려고 함, – 자기평가(최선을 다해서 잘했고 필기를 잘함)
6월 14일 (화)	– 칭찬 3회 받기 약속 – 지훈과 만남 20분 (자기평가지 작성)	아침에 친구들과 공기놀이를 즐겁게 함, 선생님이 없을 때 수학문제 풀지 않음, 칭찬은 받지 못함 – 자기평가(다음에는 더 잘 해야겠다.)

《 자기평가지 》

6월 (8)일 (수)요일

오늘 하루는 보람있었나요?
남훈이가 남훈이 스스로를 평가하는 것입니다.

<table>
<tr><td>오늘 남훈이와 선생님과의 약속을 기억하고 있었나요?
무엇이었죠? 그리고 중요하게 생각했나요?</td><td colspan="6">예.</td></tr>
<tr><td>오늘 남훈이가 하기 싫은 일(학습과제)은 무엇이었나요?
구체적으로 써 주세요.</td><td colspan="6">학습과제가 다 좋았습니다.</td></tr>
<tr><td>평소 남훈이가 하기 싫었지만 노력하여 잘 한 점은 무엇인가요?</td><td colspan="6">필기하기.</td></tr>
<tr><td>오늘 남훈이가 재미있게 한 공부나 친구와의 놀이(사건)가 있었다면?</td><td colspan="6">우유상자를 가져다 놓을 때 효종이 덕분에 기분 좋았다.</td></tr>
<tr><td rowspan="2">오늘 남훈이의 바른 자세 점수를 남훈이 스스로에게 줘 봅시다. (잘함: ○ 열심히 노력해서 좋아짐: ☆ 노력하지 않았음: △)</td><td>1</td><td>2</td><td>3</td><td>4</td><td>5</td><td>6</td></tr>
<tr><td>☆</td><td>☆</td><td>☆</td><td>☆</td><td>☆</td><td>☆</td></tr>
<tr><td>오늘 남훈이가 노력했는데도 수업시간에 집중하지 못한 적이 있다면 어떤 시간이었고, 그 이유는 무엇이었나요?</td><td colspan="6">체육시간에 줄넘기가 없어서 잘 참여를 못한 점.</td></tr>
<tr><td>오늘 선생님께 어떤 칭찬을 받았나요?
칭찬을 받았을 때 어떤 생각(기분)을 했나요?</td><td colspan="6">너무 잘했다.
속으로 기분이 날아갈 것 같았다.</td></tr>
<tr><td>오늘 하루를 마치고 남훈이 자신에게 해 주고 싶은 말은?</td><td colspan="6">오늘 너무 잘 했어!</td></tr>
<tr><td>내일 남훈이는 어떤 모습으로 공부하고 싶은가요?
남훈이가 지킬 수 있는 약속 2가지를 써 주세요.</td><td colspan="6">바른 자세, 바른 필기, 적극적으로 참여할 것이다.</td></tr>
</table>

6월 (10)일 (금)요일

오늘 남훈이와 선생님과의 약속을 기억하고 있었나요? 무엇이었죠? 그리고 중요하게 생각했나요?	예.
오늘 남훈이가 하기 싫은 일(학습과제)은 무엇이었나요? 구체적으로 써 주세요.	부채춤 추고 나서 느낀 점 쓰기.
평소 남훈이가 하기 싫었지만 노력하여 잘 한 점은 무엇인가요?	수업시간 집중하기.
오늘 남훈이가 재미있게 한 공부나 친구와의 놀이(사건)가 있었다면?	박인혁이 초대장을 만들어 돌린 것.
오늘 남훈이의 바른 자세 점수를 남훈이 스스로에게 줘 봅시다. (잘함: ○ 열심히 노력해서 좋아짐: ☆ 노력하지 않았음: △)	1: ○, 2: ○, 3: ☆, 4: ☆, 5: ☆, 6: ☆
오늘 남훈이가 노력했는데도 수업시간에 집중하지 못한 적이 있다면 어떤 시간이었고, 그 이유는 무엇이었나요?	부채춤을 추고 느낀 점이 쓸 게 별로 없었다.
오늘 선생님께 어떤 칭찬을 받았나요?	잘했다.
칭찬을 받았을 때 어떤 생각(기분)을 했나요?	기분이 좋았다.
오늘 하루를 마치고 남훈이 자신에게 해 주고 싶은 말은?	열심히 노력해서 잘했다.
내일 남훈이는 어떤 모습으로 공부하고 싶은가요? 남훈이가 지킬 수 있는 약속 2가지를 써 주세요.	오늘처럼 열심히 하고 싶다.

6월 (13)일 (월)요일

<table>
<tr><td>오늘 남훈이와 선생님과의 약속을 기억하고 있었나요?
무엇이었죠? 그리고 중요하게 생각했나요?</td><td colspan="6">예.</td></tr>
<tr><td>오늘 남훈이가 하기 싫은 일(학습과제)은 무엇이었나요?
구체적으로 써 주세요.</td><td colspan="6">없었습니다.</td></tr>
<tr><td>평소 남훈이가 하기 싫었지만 노력하여 잘 한 점은 무엇인가요?</td><td colspan="6">수업시간에 필기 잘 하기.</td></tr>
<tr><td>오늘 남훈이가 재미있게 한 공부나 친구와의 놀이(사건)가 있었다면?</td><td colspan="6">수학, 약속하기.</td></tr>
<tr><td rowspan="2">오늘 남훈이의 바른 자세 점수를 남훈이 스스로에게 줘 봅시다.
(잘함: ○ 열심히 노력해서 좋아짐: ☆ 노력하지 않았음: △)</td><td>1</td><td>2</td><td>3</td><td>4</td><td>5</td><td>6</td></tr>
<tr><td>○</td><td>○</td><td>☆</td><td>☆</td><td>☆</td><td>☆</td></tr>
<tr><td>오늘 남훈이가 노력했는데도 수업시간에 집중하지 못한 적이 있다면 어떤 시간이었고, 그 이유는 무엇이었나요?</td><td colspan="6">없습니다.</td></tr>
<tr><td>오늘 선생님께 어떤 칭찬을 받았나요?
칭찬을 받았을 때 어떤 생각(기분)을 했나요?</td><td colspan="6">예.
기분이 좋았다.</td></tr>
<tr><td>오늘 하루를 마치고 남훈이 자신에게 해 주고 싶은 말은?</td><td colspan="6">오늘도 잘했다.</td></tr>
<tr><td>내일 남훈이는 어떤 모습으로 공부하고 싶은가요?
남훈이가 지킬 수 있는 약속 2가지를 써 주세요.</td><td colspan="6">최선을 다하겠다. 칭찬받기,
집중 잘하기.</td></tr>
</table>

6월 (15)일 (수)요일

오늘 남훈이와 선생님과의 약속을 기억하고 있었나요? 무엇이었죠? 그리고 중요하게 생각했나요?	예.
오늘 남훈이가 하기 싫은 일(학습과제)은 무엇이었나요? 구체적으로 써 주세요.	선생님 없을 때 한 수학문제.
평소 남훈이가 하기 싫었지만 노력하여 잘 한 점은 무엇인가요?	수학문제.
오늘 남훈이가 재미있게 한 공부나 친구와의 놀이 (사건)이 있었다면?	없습니다.
오늘 남훈이의 바른 자세 점수를 남훈이 스스로에게 줘 봅시다. (잘함: ○ 열심히 노력해서 좋아짐: ☆ 노력하지 않았음: △)	1 | 2 | 3 | 4 | 5 | 6 ○ | ○ | ☆ | ☆ | ☆ | ☆
오늘 남훈이가 노력했는데도 수업시간에 집중하지 못한 적이 있다면 어떤 시간이었고, 그 이유는 무엇이었나요?	없습니다.
오늘 선생님께 어떤 칭찬을 받았나요?	우유상자를 잘 정리함. 줄넘기 잘함.
칭찬을 받았을 때 어떤 생각(기분)을 했나요?	기분 좋다.
오늘 하루를 마치고 남훈이 자신에게 해 주고 싶은 말은?	잘했지만 내일 더 잘 하자.
내일 남훈이는 어떤 모습으로 공부하고 싶은 가요? 남훈이가 지킬 수 있는 약속 2가지를 써 주세요.	선생님과의 약속. 내일 더 잘 하기.

◖ 개입 후 행동변화 측정을 위한 문제행동 빈도 체크표 ◗

6월 15일

시간 / 문제행동 항목	1교시	2교시	3교시	4교시	5교시	6교시
① 수행해야 할 개인과제를 하지 않음(글쓰기, 문제풀기, 발표하기, 교과서 보기)			○	○		
② 모둠활동을 하지 않음	○					
③ 불만스러운 얼굴표정으로 자신의 손을 계속 만지작거리고 있음						
④ 특정한 물건을 계속 만지거나 응시함		○			○	
⑤ 돌발행동이나 규칙에 어긋난 말이나 행동을 함						
문제행동(①~⑤)의 지속 시간	5분	5분	10분	10분	5분	0분

개입이 이루어진 후의 문제 발생 빈도의 지속 시간이 다음과 같았다.

6/7 – 문제행동 발생(①–⑤ 중) : 3회(지속 시간 합 / 10분)

6/8 – 문제행동 발생(①–⑤ 중) : 3회(지속 시간 합 / 15분)

6/9 – 문제행동 발생(①–⑤ 중) : 1회(지속 시간 합 / 5분)

6/10 – 문제행동 발생(①–⑤ 중) : 4회(지속 시간 합 / 25분)

6/11 – 문제행동 발생(①–⑤ 중) : 2회(지속 시간 합 / 12분)

6/13 – 문제행동 발생(①–⑤ 중) : 1회(지속 시간 합 / 10분)

6/15 – 문제행동 발생(①–⑤ 중) : 5회(지속 시간 합 / 35분)

6/17 – 문제행동 발생(①–⑤ 중) : 2회(지속 시간 합 / 5분)

사례 2

컨설티: 김지연(초등학교 교사)

1) 내담자 인적 사항

- ▶ 아동 이름 : 성은수(가명)
- ▶ 성　　별 : 여
- ▶ 학　　년 : 초등학교 3학년

2) 내담자 행동 특징 및 선택 이유

학교에서 이루어지는 기본적인 활동에 대한 준비도나 참여도가 다른 아이들에 비해 많이 낮고, 수학이나 미술 같은 특정 교과를 제외한 나머지 과목에 대한 동기가 낮다. 과제를 시작하는 데까지 걸리는 시간이 지나치게 길고 집중시간이 짧다. 특히, 숙제와 준비물을 잘 챙기지 않아 학교생활에 큰 지장을 주고 있는데도 고쳐지지 않고 있다.

또한 친구들과의 관계에서 제대로 의사소통을 하지 못하고 고립되어 있는 경우가 많고 다른 아이들의 의도와 상관없이 스스로 독립적인 활동을 하는 경우가 많아서 또래관계를 통한 사회성 훈련이 이루어지지 않고 있다.

취학 전 놀이치료를 1년 간 받았고 2학년 때에도 1년 간 매주 토요일 오후 3시간 씩 방과 후 개별학습으로 놀이치료를 받은 적이 있으며, 지능은 높은 편에 속하지만 반항적인 성향 및 고집이 있고 충동적이고 산만한 행동을 보인다. 혼자만의 세계에 빠져 있어 비상식적이고 비현실적인 이야기들을 많이 하며, 교사 및 또래와의 관계가 부정적이다.

3) 내담자 장단점

▶ 장점

① 교사에 대한 관심도가 높다.

② 흥미 있는 과목(수학, 미술)에 대해서 문제해결력이 뛰어나다.

③ 정서가 풍부하여 자신의 생각을 창의적으로 표현한다.

④ 주장적 스타일이다. – 주장훈련 진단에서 6개 문항에 모두 주장적인 답변을 하였으며 자신의 생각을 이야기하고 표현하는 것에 대해서 나름대로의 이유를 갖고 행동하고 있다는 것을 발견할 수 있었다.

⑤ 혼자서 문제를 해결하려는 성향이 강하다. 독립적이다.

⑥ 지적인 능력이 우수하다. 언어성지능(100), 동작성지능(123), 종합(112) – 전반적으로 지능이 우수한 편에 속한다.

⑦ 상황에 따라 나름대로의 판단기준을 가지고 합리적이고 논리적으로 해결하려고 노력한다.

⑧ 맡은 일에 대해 성취감이 있는 경우(예: 청소, 봉사활동)에는 꼼꼼하게 완수하며 외재적 보상이 주어지지 않아도 스스로 만족해하는 표정(내재적 강화가 이루어짐)을 짓는다.

▶ 단점

① 자기만의 세계에 빠져 있는 경우 주변의 자극에 대해서 반응을 하지 않는다.

② 의사소통 상황에서 자신감이 부족하여 먼저 다른 사람에게

이야기를 하는 경우가 드물다.

③ 해당 과제에 대한 흥미도가 떨어지는 경우 과제에 착수하기까지 시간이 많이 걸린다.

④ 아이답지 않은 부정적이고 극단적인 언어를 사용하는 경우가 있다.

⑤ 공공의 질서나 규칙보다 자기의 생각을 앞세우고 그에 따라 행동한다. 따라서 다른 사람에 대한 배려심이 부족하다.

⑥ 내면의 정서는 풍부하지만 다른 사람에게 감정을 표현하고 친근감을 표현하는 것이 드물다. 미안해, 고마워 등의 표현을 꺼려 한다.

⑦ 또래와 함께하는 활동에 대해 참여도가 낮고 흥미가 없다.

☞ 아동의 장점이 고집스러운 성격으로 드러나며 친구관계에서도 자존심을 내세워 먼저 다가서지 않고 미안하다거나 고맙다는 표현을 하지 않는 것에 영향을 미치고 있다고 보며, 알림장의 내용을 점검하지 못하는 부분에 대해서는 자신이 흥미 있는 것에 대한 집중도는 높지만 그 이외의 상황에 대해서 집중하지 못하고 자기의 판단기준에 따라 행동하기 때문인 것으로 생각된다.

4) 컨설티가 평가하는 내담자 문제의 원인

▶ 처음 중재를 시작하기 전 교사의 판단에 의하면, 부정적인 행동이 반복되는 원인으로 학교 학습이 가정과 연계되지 못하고 가정 내에서의 점검도 이루어지지 않아서 준비가 안 되는 것을 시작으로

하여 주변 사람들에게 부정적인 강화를 받게 되고 이런 경우 자존감이 상한다고 생각하여 다른 활동을 의도적으로 피하거나 더 부정적인 반응을 보이는 것으로 생각하고 중재를 시작하였다.

중재를 시작하고 진행하는 동안 다시 살펴본 것으로는 알림장 수행 완성도와 학교생활의 적극성이 밀접한 관계를 지니고 있는 것이 사실이지만 또래 내에서의 의사소통의 문제는 아동이 적절한 의사소통 기술을 갖지 못하고 있음도 주요한 원인으로 생각되며 앞에서 언급한 자존감의 부분에 있어서 내담자의 인지적 수준이 높은 편이라서 다른 아이들을 판단하는 입장에 서서 관찰하는 경향이 있음을 알 수 있었다. 따라서 내담자에게 적절한 의사소통 기술을 학습시키고 친구들에게 자신의 마음을 표현하는 언어기술을 훈련해야 할 필요성을 깨닫게 되어 중간에 알림장의 수행과 독립적인 제2의 처치를 실시하도록 하였다.

5) 컨설테이션 과정

(1) 문제정의

1-1 아동은 어떤 문제를 가지고 있습니까?

- 교사의 설명 · 지시사항에 대해 주의력이 부족하여 과제에 착수하기까지 시간이 오래 걸리며 계속적으로 지적해야만 학습이 진행된다. 멍하니 다른 생각을 하고 있는 경우가 많다.
- 주어진 과제에 흥미가 있는 경우에는 빠른 시간에 완수하며 완

성도도 높다.

· 준비물, 가정통신문, 기본 학습 준비를 빠뜨리는 경우가 빈번하다.

· 전체 아이들이 활동을 시작한 경우 교사에게 특별히 다가와서 손으로 교사를 건드려서 말을 걸고 자신의 의견을 나에게 개인적으로 이야기하려고 한다.

· 혼나는 일이 빈번하게 생기는 경우 또는 잘못된 상황에 대해서 이야기하는 경우에 대답을 잘 하지 않거나 미간을 찌푸린 표정으로 멍하니 서 있는 경우가 많다.

· 교실에서 친구들과 함께 있는 상황에서 과제를 시작하기까지 시간이 많이 걸리나 방과 후 또는 따로 혼자서 하는 경우에는 완벽하게 해내는 경우가 많다.

· 다른 친구들과 협동적인 활동에 소극적이며 의사소통이 원활하지 않아 혼자 떨어져서 시간을 보내는 경우가 종종 있다.

· 자기의 의사표현이 잘 안 되었다고 생각되는 경우 폭력적, 비일상적인 방법으로 표현하는 경우가 있다. 때로는 반복적으로 자기의 생각을 교사에게 주입하고자 한다.

1-2 그 문제를 조금 더 구체적으로 행동적 용어를 사용하여 말씀해 주시겠습니까?

▶ 학습

· 알림장에 지시된 기본 사항을 스스로 정리 · 준비하지 못하여 숙제, 가정통신문, 준비물을 빠뜨리고 오거나 하지 않는 경우

가 많아서 사전 준비부족으로 학습의 결손이 생긴다.

· 사전 준비부족으로 인한 학습 결손으로 교사로부터 부정적 강화를 받는 경우가 많아져서 친구들 사이에서도 자신감이 떨어진다.

· 수업시작 종이 친 이후에도 교과서 준비가 안 되었거나 교사의 지시 이후에 행동으로 옮기기까지 시간이 많이 걸려서 친구들이 지수를 기다리는 경우가 많다.

▶ 의사소통

· 친구들에게 먼저 다가가서 말을 걸고 이야기하는 경우가 극히 드물며, 협동학습에서 혼자만 참여하지 못하고 외톨이로 있다.

· 다른 친구들이 활동하는 동안 멍하니 그냥 앉아서 아무것도 하지 않거나 손으로 학용품을 만지작거리기만 한다.

· 활동에 직접 참여하기보다 관찰자의 입장으로 주변을 맴도는 경우가 빈번하다.

1-3 그 행동이 나타났던 상황에 대한 예를 좀 들어주십시오.

· 학교 등교 후 사물함의 책을 정리하지 않고 그냥 자리에 앉아서 책상에 아무것도 꺼내지 않은 채로 20여 분의 시간을 그냥 보내고, 1교시부터 시간표 챙기는 시간을 지체하며, 기본 숙제를 해 오지 않아서 교사에게 지적을 당하고 난 후 남아서 숙제를 할 때와 숙제를 점검하는 요일별 모둠장에게 핀잔을 듣거나 조별 점수를 얻지 못하는 경우

· 친구가 시간이 안 되었는데도 교실 문을 잠궈서 교실에 들어오

지 못하는 일이 발생하여 작은 말다툼을 하였고 교사의 제지 이후에 자신의 의견이 무시되었다고 생각하는지 책상에 머리를 치는 행동을 반복하고 씩씩거림. 중간에 교사가 개입하여 해결한 이후에는 곧바로 겉으로는 행동이 바뀌고 화해했으나 돌아선 후에 표정은 풀지 않은 채 수업시간 1시간 정도를 그대로 보낸다.

· 체육시간에 게임 활동을 하면서 억지로 공에 맞고 나가려고 하며 수비를 하는 경우에도 공을 잡을 기회가 주어지지 않을 때는 혼자서 행동하는 경우가 많다.

· 친구들의 활동이 너무 지나치게 시끄럽거나 소란스러우면 교사에게 다가와서 손으로 귀를 막고 입 모양으로 '시끄러워요.'라고 이야기해서 교사가 아이들에게 주의를 줄 것을 당부한다. 아이들과 같은 눈높이가 아닌 관찰자로서 행동하고 판단한 것을 교사에게 전달하려 한다.

1-4 지금까지 말씀하신 행동들 중 가장 문제가 되는 행동은 무엇입니까? 가장 먼저 다루고 싶은 문제행동을 한두 개 선택해 주십시오.

· 기본적으로 알림장 내용은 다음 날 학교생활에 꼭 필요한 부분이므로 숙제, 준비, 알림 내용을 스스로 확인하고 잘 준비하여 학교에서 이루어지는 활동에 준비를 미리 잘 하도록 한다.

· 기본 학습 준비를 수업시작 전에 점검하여 학습을 통한 의사소통 상황에서 적극적으로 임하도록 하고 알림장의 내용과 관

련된 협동학습에서 자존감을 갖고 임하도록 한다.

· 친구들에게 일상적인 이야기를 건네고 자연스럽게 이야기를 나누며 의사소통 상황에서 고립되지 않고 함께 활동한다.

1–5 목표 행동을 보다 정확하고 관찰 가능한 용어로 정의해 봅시다.

· 알림장의 숙제, 준비물, 알림이라는 3가지 영역을 스스로 점검하여 다음 날 아침에 점검하였을 때 80% 이상의 기본 준비가 이루어져 있도록 한다.

· 학교일과 중에 학급 내의 2명 이상의 친구들에게 먼저 다가가서 이야기를 건네고 협동적인 학습 활동을 함께한다.

☞ (개입을 계획하는 전반기에) 궁극적으로는 학교에서의 의사소통을 향상시키고 또래 아이들과 교류를 통해 더 적극적으로 생활하도록 하는 것이 목표인데 이를 위해 알림장을 점검하여 학교 생활 준비도를 높이는 것을 과정적 목표로 삼았다.

2–1 그 행동은 언제부터 나타났었나요? 문제가 지속된 기간은 어느 정도인가요?

· 취학 전 놀이치료와 유사한 심리치료 1년 정도 받음.

· 2학년 때 개별학습반에 편성되어 토요일 방과 후 교실에 가서 개별적인 시간을 갖고 놀이치료 활동을 하였다. 개별반 선생님과의 면담 결과 아이의 인지적인 수준은 보통 아이들과 같으나 친구들과 의사소통 상황에서 자연스럽지 못한 부분이 있었고,

특히 자신의 의견을 표현하는 방식이 독특하여 교사의 관심이 더 필요하다고 한다.

· 3학년 진급 후 개별반 학습은 이루어지지 않고 있으며 학기 초에 관찰한 결과로는 자신의 일이 주어졌을 때 집중도가 높은 편이고 꼼꼼하게 표현하며, 특히 미술과 수학 과목에 있어서 흥미와 관심도가 높아 끝까지 완수한다. 그러나 다른 과목의 학습에 있어서는 기본적인 준비가 안 되는 경우가 많았고, 특히 체육과에서는 친구들과의 피구 게임 중에 스스로 공에 맞으려 하고 공을 맞은 후에는 밖으로 나가서 혼자서 멍하니 있거나 다른 놀이를 하는 경우가 있어서 주의를 주었다.

· 모둠 내에서는 매일 모둠장이 돌아가면서 친구들의 준비물을 점검하고 수합하는 작업을 하게 되며 모둠 내 수행도에 따라 강화 혹은 처벌이 주어지는데 지수의 실수로 모둠 내 수행의 완성도가 떨어지는 경우가 빈번하게 발생한다. 기본적인 숙제나 준비물에 대해서는 일주일에 5일 이상 준비가 안 되는 상황이 반복되어 방과 후에 완수하고 가거나 교사의 도움으로 완성하는 경우가 많았다.

· 하루 일과 중에 다른 친구들에게 먼저 다가가 이야기를 나누며 즐겁게 이야기하는 경우가 극히 드물며 친구들과 어울리기보다 친구들을 관찰하는 입장에 서서 판단한 후, 교사에게 다가와서 평가하는 말을 하려고 하며 귓속말로 자신의 생각을 이야기하려고 한다.

☞ 취학 전 어릴 적 경험에서부터 사회성에 문제가 드러났던 것으로 판단되며 초등학교 3학년인 지금까지 계속해서 학교생활에 영향을 미치고 있다.

☞ 주의력 문제에 대해서는 학습 주제에 따라서 차이가 있으나 가정에서 학교 학업이 잘 연계되지 않아서 학기 초부터 계속적으로 문제가 발생하고 있다.

2–2 그 행동은 주로 어느 장소에서 나타나나요?

· 학교 수업시간 중에 나타남.

2–3 문제행동이 나타나는 상황에 대한 예를 들어주세요.

· 교실에서 친구들과 바꿈의 날 행사를 계획하면서 2주 전부터 알림장에 기록하여 확인하였고 도덕 교과 시간에도 미리 준비할 것을 당부하였으나 행사 당일날 준비를 해 오지 않아 친구들이 지수를 이상하다고 생각하게 되었고 친구들 사이에서는 준비하지 않은 은수에 대한 부정적인 이야기가 있었다. 은수는 친구들의 행동을 관찰하는 역할만 하고 그 시간에 교사의 질문에 대해 말을 잘 하지 않고 친구들에게도 퉁명스럽게 대했다.

· 숙제로 우리 고장의 한 장소를 정해 협동조사학습을 하는 경우에도 함께 조사하기로 한 4명의 아이들 중 은수가 자신의 부분을 조사해 오지 않아서 학교에서 기본 내용을 완성하려 했으나 자료가 부족했고, 아이들이 은수가 해 오지 않아서 그렇다고 불평하자 그때부터는 아이들과 이야기도 하지 않고 활동에도 전

혀 참여하지 않은 채 멍하니 있다.

· 교실에서 매일 아침 가방을 점검하여 시간표를 확인하는 일이 그날의 일과를 준비하는 첫 시간부터 집에 가기 전 마지막까지 매 수업시작 전에 발생한다. 특별히 집에서 수행해 오는 과제의 경우나 부모님과 연관된 가정통신의 확인, 준비물의 경우는 해 오지 않는 경우가 빈번하고 알림장을 정리하는 시간에 나누어 주는 유인물이나 주요한 상황을 그냥 흘려듣거나 집에 가져가야 할 것을 잃어버리고 가는 경우도 있다.

· 익힘책을 풀어 오는 등의 숙제를 해오지 않아 교과학습 시간에 다른 친구들이 숙제를 확인받는 시간 동안 개별적으로 앞자리에 나와서 풀고 들어간다.

· 모둠 내에서 활동하는 경우 모둠장이 은수의 준비도를 확인하고 교사에게 은수가 준비가 안 되었음을 이야기하면 표정이 굳어지고 그 친구들과 협동하지 못하는 모습을 보이며 협동학습 내용에 대해서 모른 척하여 학습 결손이 일어나는 경우가 빈번하다.

· 친구들과 함께 신체적 활동을 하는 체육시간 같은 경우는 사회성이 두드러지게 드러나며 은수와 같은 모둠에 속하는 경우 다른 친구들이 싫은 내색을 하게 되고 이는 지수의 부정적인 태도와 병행되어 악순환이 계속된다.

· 5월에는 회장으로 임명되어 활동을 하게 되었는데 회장이 되면 더 열심히 하는 일반적인 아이들과 달리 그 자리에서 주어진 일들을 감당하지 못하고 혼나는 일이 반복되자 나중에는 보통

아이들보다 더 부정적인 학습태도를 보였다.

2-4 어떤 상황에서 그 행동은 가장 문제가 되나요?

· 숙제를 자주 해 오지 않아서 기초적인 학습내용을 점검할 수 없고 학습준비물 없이는 수업에 참여가 불가능한 경우도 있어서 학교에서 집중도가 떨어지고 수업내용이 결손되는 경우가 있다.

☞ 수업준비의 부족함이 학습의 결손으로 연결되어 학습장애가 우려된다.

☞ 은수의 부정적인 태도가 전체적인 활동의 분위기를 부정적이고 소극적으로 만드는 데 영향을 미치고 다른 친구들도 그러한 행동을 모방하는 경우가 생겨서 전체 진행에 차질을 빚기도 한다.

☞ 혼자서 고립되어 생활하게 되면서 생활연령에 맞는 생각이나 행동보다는 비일상적인 생각을 계속하게 되고 물리적, 정신적 거리감으로 친구들과의 사이가 점점 벌어지게 된다.

☞ 교사나 또래집단 내에서 지적을 당하는 상황이 반복되면서 친구들 사이에 긍정적인 강화 없이 부정적인 인식만 많아지고 그에 대해 스스로 느끼면서 자존감이 저하되어 지수가 잘하는 다른 부분에도 영향을 끼치게 된다.

☞ 자기 자신의 수행에 대해 생각하고 판단하는 동안 자존감이 저하되는 경우가 있고 그런 경우에 또래집단과 의사소통에서 아주 소극적이 되고 자신감이 떨어져 친구들이 답답해하는 상황이 벌어지면서 악순환이 되풀이된다.

3-1 그 문제행동이 나타나기 전에 보통 어떤 일이 있나요?

· 아침시간에 교사에게 개별적으로 와서 "가정통신문 놓고 왔어요."라고 미리 스스로 이야기하면 교사의 부정적인 강화를 받게 되고 수업시간에 친구들이 "은수가 준비를 안 해 왔어요. 선생님 은수 숙제 안 해 왔어요."라고 이야기하면 다른 친구들이 자신의 부족한 부분을 알게 되었다는 생각에서인지 그 이후엔 더 잘 하려는 생각을 하기보다는 그냥 시간을 보내는 소극적인 태도로 변한다.

☞ 교사에게 미리 와서 이야기함으로써 자신의 잘못을 무마해 보려 하거나 벌칙을 경감시키려는 의도를 보인다. 친구들과의 관계에서 소극적이 되는 여러 가지 요인 중 한 가지로 교사와 친구들에게서 받는 부정적인 인식이 발생한다.

☞ 주어진 과제를 시작하기 힘든 상황에서 몇 번의 지시와 안내 후에 시작한 이후에도 다른 일로 전환하기가 쉽지 않아서 활동이 계속 늦어지는 것이 반복된다.

☞ 준비를 해야 하는 상황에서 이전 날 준비를 빠뜨린 것이 영향을 끼치는 경우도 있고 과제에 착수하기 전에 멍하니 다른 생각을 하고 있는 시간이 길어지면서 본 과제에 영향을 미치는 상황이 반복된다.

3-2 그 행동에 영향을 미칠 만한 사건은 무엇인가요? 반드시 직전에 일어난 사건이 아니라도 괜찮습니다. 관련되어 있을 법한 모

든 상황 및 사건을 기술해 주세요.

▶ 가정에서

· 부모님께서 정기적으로 확인해 주시지 않는다.

· 스스로 확인하고 점검할 능력은 있으나 집에 가는 경우 모두 잊고 놀면서 시간을 보내는 경우가 빈번하다.

· 중요한 일과 먼저 해야 할 일에 대해 자각하지 못하고 그냥 하고 싶은 일을 먼저 하는 습관이 있다.

▶ 학교에서

· 수업 시작 시 준비물을 챙기는 경우 다른 아이들은 서랍 속에 미리 챙겨 놓은 것을 꺼내기만 하면 되지만 아침시간에 챙기지 못했으므로 가방을 다시 뒤적이거나 사물함까지 가서 꺼내오는 경우 다른 친구들은 그런 지수를 기다리다가 얼굴을 찌푸리기도 한다.

· 숙제를 해 오지 않아서 따로 쉬는 시간에 해야 한다거나 수업시간이 되어서 급하게 해결해야 하는 상황들이 반복되어 친구들과 보내는 시간이 적어지기도 한다.

· 기본적으로 연필을 깎아 오는 것도 수업 중간에 일어나서 깎는 경우가 있어서 미리 준비하지 못함을 지적당한다.

· 교사가 이야기하는 때에 곧바로 집중하지 못하고 자신이 하고 있던 일을 계속하려고 하거나 다른 생각을 계속하고 있다.

· 별다른 이유 없이도 가만히 앉아서 시간을 보내는 것이 습관화되어 있어서 등교를 한 후 아침 자습시간부터 계속 시간이 지연된다.

3-3 문제행동이 일어난 후에는 보통 어떤 일이 있나요?

· 교사에게 일대일로 불려가서 혼나는 경우 교사의 질문에 대답하지 않고 그냥 미간을 찌푸리고 서 있기만 하거나 여러 번 다그쳐서 얘기하더라도 작은 목소리로 얼버무리듯 말하는 태도로 혼나는 경우가 있다.

· 다른 경우에는 교사에게 개인적으로 와서 다른 이야기들을 하며 인정받고 싶어 하고, 특히 교사를 손으로 톡톡 쳐서 부르는 경우가 많다. 스킨십이나 개인적인 눈 맞춤을 좋아하나 이야기의 내용은 그리 중요하지 않은 듯하다.

· 친구들과 마찰이 있은 후에는 의식하지 못하고 멍하니 앉아 있거나 무슨 일을 해야 하는지 모르는 듯이 그냥 시간을 보내서 다시 혼나는 일들이 생긴다.

3-4 그 행동을 평소에는 어떻게 지도하시나요?

· 다른 친구들이 기다리고 있다는 생각을 하게 하려고 은수가 챙길 때가지 기다려 주는 경우가 많았으며 은수가 준비가 되고 나면 기다리고 있는 친구들의 마음이 어떨까 물어보기도 한다.

· 교사가 직접 그 모둠에 참여해서 다른 친구들에게 상황을 설명하거나 부족한 부분을 보충해 주어 은수의 실수가 큰 영향을 끼치지 않도록 조정하기도 한다.

· 준비되지 않는 부분에 대해서 다시 한 번 기회를 주기도 하지만 다음 날도 준비되지 않는 경우 학교에서 스스로 문제를 해결하도록 한다.

· 숙제의 경우는 안 되는 경우 방과 후에 남아서 개별적으로 끝까지 완수하고 가도록 하며 시간이 너무 늦어지는 경우에는 개별적인 알림장을 써서 보내기도 하지만 가정과의 연계가 되지 않아서인지 안 되는 상황이 비일비재하다.
· 다른 친구들을 타일러서 은수에게 활동 내용을 다시 가르쳐 주고 함께 활동할 것을 권하기도 한다.
· 모둠을 구성할 때 의도적으로 은수와 잘 어울릴 수 있는 성향의 아동을 가까운 자리에 배치해서 상호작용을 유도한다.

3-5 문제행동을 할 때 또 어떤 일들이 일어나나요?

· 눈의 초점이 흐린 상태로 멍하니 있으며 미간을 찌푸린 채로 인상을 쓰고 있다.
· 친구들의 의아해하는 반응이나 자극에도 전혀 신경 쓰지 않는 듯 보이고 미안하다거나 고맙다는 말을 잘 하지 않는다.
· 자신의 상황이 극단적으로 가게 되면 울음을 터뜨리고 말대답을 하지 않는다.
· 다른 곳에서 실수한 상황이 드러나게 될까 두려워하여 교사의 질문에 대답하지 않고 다른 친구들을 통해서 교사에게 전달되는 경우 아니라고 부정하는 경우가 많다.

3-6 하루 중 그 행동이 가장 많이 일어나는 때는 언제인가요? 또 가장 적게 일어나는 때는 언제인가요?

· 아침 시간, 학교 등교 후 아침 자습에 정착하기까지 불안한 부

분이 있는 경우 방황한다.

· 체육교과 시간, 소그룹 협동학습 시간에 공동 작업에 참여하지 못하고 혼자서 다른 활동을 한다.

· 주말을 지내고 오거나 휴업일이 지난 다음 날은 알림장이 준비되지 않고 다른 아이들과 의사소통도 훨씬 적으며 아침에 멍하니 앉아서 있는 경우가 빈번하다.

3-7 어떤 사건이나 활동이 문제행동을 가장 많이 일으키나요?

· 부모님의 확인이 필요한 숙제나 가정통신문이 있는 경우

· 모두가 협동을 해야만 좋은 결과물이 나오는 과제에 대해서 빈번한 의사소통이 필요하고 의견 조율이 필요한 경우

· 모둠 구성원이 모두 해야 하는 활동에 대해 교사가 모둠장을 도우미 선생님으로 명하여 교사의 역할을 대신하게 될 때 친구들, 모둠장의 지적에 대해 말로 대응하지 않고 계속 듣고 있다가 마음이 닫혀 버리면 더 이상 반응하지 않으려 하고 친구들에게 먼저 다가가서 이야기하거나 사과하고 생각을 표현하지 않는다.

· 아이들이 함께 웃으며 활동할 수 있는 유쾌한 상황을 교사가 유도하는 경우 다른 친구들의 행동을 수준이 낮다고 생각하거나 자기와 다른 아이들이라고 생각하는 듯하다.

3-8 누구와 함께 있을 때 문제행동이 가장 많이 나타나나요? 또 누구와 함께 있을 때 문제행동이 가장 적게 나타나나요?

▶ 많이 나타나는 경우

· 폭력적, 공격적인 성향의 아이들 가운데 있으면 그 아이들의 자극이 걸러지지 않고 그대로 수용되어 버려 더 자기만의 세계로 들어가는 경향이 있다.
· 소극적인 여자친구와 앉아 있던 3월과 5월에는 지수의 태도가 더 안 좋았다.
· 줄넘기를 하는 체육시간에 줄넘기를 가져오지 않아 소극적인 태도를 보이고 이어서 그날 피구활동에서도 공격수에게 다가가서 억지로 공을 맞거나 딴청을 하는 행동을 보인다.
· 훌라후프를 이용하여 조별 표현활동을 할 때 은수와의 의견 충돌로 표현이 이루어지지 않는다.

▶ 적게 나타나는 경우

· 교사와 개인적인 관계 안에서 활동을 하는 경우에는 문제행동의 빈도가 현저히 줄어든다.
· 학급에서 인지도가 높아서 다른 친구들의 인정을 많이 받는 아이와 활동하는 경우에는 그 친구의 의견을 받아들이기도 한다.

☞ 소극적인 친구들 사이에서는 더 자기만의 세계로 빠지는 경향이 있고 반대로 공격적이거나 너무 적극적인 아이들 사이에서는 피해의식을 갖고 더 반항적인 기질을 보이기도 한다. 교사와의 관계 가운데서는 항상 주의하고 잘 하려고 노력하지만 항상 일대일의 상황을 만들 수 없어서 현실적으로 불가능하다고 판단된다. 따라서 또래 아이들과의 의사소통에 더 주의를 기울이고 개선할 필요성이 있다.

3–9 문제가 가장 많이 나타날 때는 얼마나 많은 사람들이 함께 있었나요?

· 5~6명 동성친구들과 표현활동을 하는 경우

· 반 전체가 함께 공부하거나 게임을 하는 경우

· 다른 반 친구들과 반별 대항 경기를 하는 경우

☞ 사람들의 많고 적음이 아니라 은수 자신의 판단기준에 따라 자기보다 인지적인 수준이 높다고 생각하는 대상이나 월등히 높은 수준의 사람 앞에서는 문제행동이 줄어드는 경향이 있고 자기보다 수준이 낮다고 생각하거나 별 관심도가 없는 상황에서는 사람 수에 관계없이 개별적으로 행동한다.

3–10 그 밖에 문제 상황이 발생된 후의 특징은 또 어떤 것이 있습니까?

· 각각의 상황에서 개별적으로 불러서 이야기하면 자기만의 판단기준에 따라 이야기하는 경향이 있다. 다른 사람과 공유되기 힘든 자기 나름의 판단기준이 있다고 생각된다. 자신의 생각이 뚜렷한 편이어서 다른 친구들과 이야기가 통하지 않는다고 생각하고 있어서 교사나 자기보다 커 보이는 사람들과만 이야기하려 한다.

· 친구들이 소그룹 활동을 할 때 소란스러워지면 가만히 지켜보다가 교사에게 다가와 시끄럽다고 이야기하며 귀를 막고 미간

을 찌푸린다. 아이들과 같은 눈높이가 아니라 판단자, 평가자의 입장에서 생각하고 행동한다. 그 상황에서 교사가 지적을 하거나 되물으면 오히려 대답을 잘 하지 않고 이상한 표정을 짓는다.

· 교사가 다른 아이들과 이야기를 하면서 본 과제에 집중할 것을 이야기하면 교사를 계속해서 쳐다보면서 다른 이야기를 중얼거리고 교사가 다시 질문하면 말하지 않는다.

3–11 약물 복용이나 합병증, 일상생활 등에서 문제행동에 영향을 미칠 만한 다른 사건은 어떤 것이 있었나요?

· 특별한 해당사항이 없는 것으로 알고 있다.

4. 문제행동은 얼마나 자주 나타나나요? 그리고 얼마나 오래 지속되나요?

· 준비물과 연관된 활동이 있는 경우
  – 하루 1~2회 정도: 준비물을 가지고 하는 활동 시간 내내 활동을 잘 못한다.
· 숙제와 관련된 활동
  – 하루 1회 정도: 해당 교과시간을 전후로 2시간 정도다.
· 알림의 내용과 관련된 경우
  – 하루 1회 정도: 알림내용 점검시간인 아침 조회시간과 다음날 알림장을 쓰는 정리시간이다.

☞ 준비가 잘 안 되는 경우: 하루에 총 3~4번 정도 발생한다.

☞ 의사소통 상황: 하루 5시간의 수업시간을 고려했을 때 평균적으로 2~3회 정도 고립된 행동을 보이며 이는 전, 후의 다른 교과에도 영향을 미치고 있다.

5-1 문제행동이 어느 정도까지 변화하기를 기대하십니까? 컨설테이션을 통해 어느 정도의 변화가 일어나면 만족스러울까요?

· 알림장의 기본 내용을 80% 정도 완수하여 이와 연관된 활동이 이루어지는 모둠 내에서 자존감을 회복하고 의사소통을 원활히 하기를 기대하고 알림장의 개입과정 중에 계속적으로 관찰하고 있으나 향상도를 측정하기 쉽지 않고 알림장 준비도와의 직접적인 연관성을 찾기 힘들어서 다른 개입과정을 고려하고 있다.

· 하루에 2명 정도의 친구들에게 먼저 이야기를 꺼내서 대화 나누기 정도의 기본적인 활동을 고려하고 있다.

5-2 현재 이 문제와 관련해서 진행하고 있는 프로그램이나 활동이 있습니까? 보통 이 문제는 어떻게 다루어졌습니까?

· 기본 과제 이행이 안 되는 경우는 개별적으로 과제를 점검하고 밀린 과제를 마친 후 해당하는 날의 과제까지 한 번에 해결하게 함으로써 미리 숙제를 마치고 난 후 다른 활동을 했을 때의 성취감을 느끼게 하고자 한다.

· 혼자서 해결하기 어려운 문제의 경우는 도우미교사를 배치하

여 함께 해결할 수 있도록 보조하게 하였으며 이 과정에서 친구들과 의사소통을 하고 서로 함께 공부하고 돕는 분위기를 조성하고자 한다.

· 알림장의 준비물이 준비가 안 된 경우에는 친구들에게 빌려 쓴 뒤 다음에 그와 같은 상황에서 다른 친구들에게 보답하도록 약속하고 친구들 사이에서 필요한 경우 서로 도와주는 것을 경험하게 한다.

· 2일 이상 알림장 내용을 지키지 않는 경우 수업시간을 마친 후 남아서 다른 친구들을 위해 봉사하는 활동을 하며 이 과정에서 은수가 매우 꼼꼼하게 열심히 수행하는 모습을 보여서 칭찬을 받은 경우도 있다.

· 다른 친구들을 불러서 이야기하거나 직접 마찰이 빚어지는 아동과 함께 불러 친구들 앞에서 솔로몬 재판하기 – 친구들이 재판관이 되어서 친구들의 판단과 그 이유에 대해 들어보고 생각할 기회를 준다.

· 사랑의 대화 반성일기 쓰기 – 친구들과의 관계 가운데 잘못한 부분에 대해서 자세한 상황과 반성 내용을 쓰고 부모님께 확인받는다.

5–3 아동의 강점 및 자원은 무엇입니까? 아동이 잘하는 것은 무엇입니까?

· 흥미 있는 과제에 대한 집중력이 강하다. – 미술교과

· 인지적인 능력이 높은 편이며 주어진 문제 상황에 집중하기만

하면 상황에 대해 깊이 생각하고 이야기할 수 있다.

· 교사에게 긍정적인 관심을 갖고 있으며 교사와 대화를 나누고 싶어 한다.

· 사탕, 초콜릿과 같은 먹는 음식으로 강화가 잘 이루어지는 편이다.

① 교사에 대한 관심도가 높다.

② 흥미 있는 과목(수학, 미술)에 대해서 문제해결력이 뛰어나다.

③ 정서가 풍부하여 자신의 생각을 창의적으로 표현한다.

④ 주장적 스타일이다. – 주장훈련 진단에서 6개 문항에 모두 주장적인 답변을 하였으며 자신의 생각을 이야기하고 표현하는 것에 대해서 나름대로의 이유를 갖고 행동하고 있다는 것을 발견할 수 있었다.

⑤ 혼자서 문제를 해결하려는 성향이 강하다. 독립적이다.

⑥ 지적인 능력이 우수하다. 언어성지능(100), 동작성지능(123), 종합(112) 등 전반적인 지능이 우수한 편에 속한다.

⑦ 상황에 따라 나름대로의 판단기준을 가지고 합리적이고 논리적으로 해결하려고 노력한다.

⑧ 맡은 일에 대해 성취감이 있는 경우(예: 청소, 봉사활동)에는 꼼꼼하게 완수하며 외재적 보상이 주어지지 않아도 스스로 만족해하는 표정(내재적 강화가 이루어짐)을 짓는다.

5-4 아동에게 강화가 될 만한 것은 무엇일까요? 아동이 좋아하는 것은 무엇입니까?

· 외재적 보상 – 사탕, 초콜릿, 봉래 칭찬스티커

· 내재적 보상 – 친구들 앞에서의 칭찬, 교사와의 대화시간을 통한 인정해 주기, 스스로 성취감 느끼기(표정으로 드러남)

6–1 약 일주일 동안 아동의 행동을 관찰하고 문제행동의 발생 정도를 측정할 것입니다. 이를 통해 우리가 미처 알지 못했던 것도 발견할 수 있고, 개입의 방향도 결정할 수 있을 것입니다. 행동을 관찰할 수 있는 방법에는 어떤 것이 있을까요?

▶알림장 점검하여 % 기록하기

· 매일 점심시간에 알림장 확인 시 점검 및 매일 아침 다른 친구들과 함께 기본 과제, 준비물 점검시간에 메모해 두기

· 일기와 과제를 제출할 때 사용하는 "스스로 체크리스트"를 활용하여 수행일지 점검(3월부터 아이들이 과제, 일기를 제출하고서 스스로 동그라미 표시하도록 하는 자기 점검 리스트)

· 월별로 돌아가는 학급회장, 과목부장이 수업준비도를 점검할 때 지수의 이름이 불리는 횟수 기록하기

▶모둠 활동 관찰하기

· 주변 친구들의 의견을 들어보기

· 교사와 물리적으로 가장 가까운 자리에 배치한 후 집중적으로 관찰하고 메모하기

6–2 그 방법을 적용하기 위해 무엇을 준비해야 할까요?

▶준비사항

· 자리배치 – 교사가 잘 관찰할 수 있는 곳으로 자리를 배치

· "스스로 체크리스트" 내용 정리 기초선 측정하기

· 가정에서의 활동에 대한 기초선 마련: 어머니와 면담

6–3 언제 관찰하는 것이 좋을까요? 그 이유는 무엇인가요?

▶ 준비도 점검 / 학습

· 아침시간 – 정규 1교시 수업이 시작되기 전에 점검하고 수업과 연관된 부족한 부분을 미리 보충하여 준비할 수 있도록 하기

· 수업시간 – 모둠별 활동이 있는 경우 내담자가 배치된 1모둠의 활동내용을 좀 더 주의하여 관찰하기

▶ 의사소통

· 쉬는 시간과 점심시간 – 정해진 시간 이외의 자유시간에 지수의 의사소통 상황을 함께 관찰하여 비교자료 만들기

· 모둠별 협동학습이 이루어지는 시간 / 신체표현활동이 위주가 되는 체육시간

· 전체가 함께 활동하는 청소시간

6–4 관찰을 도와줄 만한 사람이 있나요? 구체적으로 어느 정도의 도움을 받을 수 있습니까?

· 은수 어머니 – 전화와 면담을 통해서 집에서의 활동 내용을 확인하고 보완할 사항 협의하기

· 은수의 짝이 되는 여학생 – 꼼꼼하고 세심한 성격이며 학습태

도나 생활태도에 있어서 모범이 되는 아이로, 교사와의 대화를 통해 상황을 설명하면 이해 가능한 인지능력이 있다고 판단된다(내담자가 다른 사람을 의식하는 경향이 있어서 될 수 있으면 상담자의 관찰만으로 준비하도록 하며 대신에 그동안 작성해 오던 다른 기록자료와 점검표를 이용).

6-5 언제부터 자료 수집에 들어갈 수 있을까요?

· 5월 24일부터 5월 31일까지 1주 예정

☞ 5월 31일 이후에는 개입을 실시하고 안정화 단계에서 계속적으로 관찰 개입, 관찰 기간을 연장하여 6월 18일까지 관찰 실시 예정

(2) 문제분석

1-1 문제행동을 관찰하고 기록하는 일이 계획대로 진행되었습니까? 그렇지 못했다면 어떤 부분 때문이었습니까?

· 자리배치를 교사가 잘 관찰할 수 있는 교사의 책상 바로 앞으로 배치하여 일과시간 내내 직접적인 관찰이 가능하였고 "스스로 체크리스트"의 기록 내용과 당일 숙제 검사, 준비 점검을 통해 기초선을 측정한다.

· 다른 준비물을 챙겨 주러 학교에 찾아오신 어머니와의 면담을 통해 가정에서의 활동에 대한 기초선을 마련한다.

· 수업시간에 협동학습에 대해 주의해서 관찰하려 했으나 겉으

로 보이는 모습과 달리 상호작용이 이루어지는 실제 대화 내용을 자세히 알기는 어려웠다.

· 신체표현활동이 위주가 되는 체육시간이나 전체가 함께 활동하는 청소시간에 대해서는 친구들이 관찰 후에 잘 활동하지 않는 경우 교사에게 와서 이야기해 주는 것이 좋은 경로가 되었다.

☞ 이번 개입 과정의 궁극적인 목적은 학습 준비도 향상을 통해서 모둠 내에서 의사소통 능력을 향상하여 사회성을 길러 주는 것이므로 이를 위한 준비단계인 알림장과 연계한 학습 준비도에 대한 기초선 측정과 의사소통 상황에서의 활동 모습, 친구들과 일상적인 대화참여도에 대한 관찰이 우선적으로 실시되었다.

정리하자면 알림장을 점검하는 부분은 일주일 동안의 알림장 내용을 정리하고 아이들 전체와 함께하는 스스로 체크리스트를 통해서 정확한 측정치가 나왔지만 의사소통의 정도에 대해서는 측정할 수 있는 빈도수나 상황이 제한되어 있었고 실제로 모둠 내에서 이루어지는 작은 대화들에 대해서 관찰하기가 쉽지 않았다.

1-2 기록에 의하면 문제의 심각성은 어느 정도입니까?(강도, 빈도)

· 준비도의 문제는 평균적으로 50% 정도만 준비가 되었는데 알림장이 다음날 학습과 관련된 중요한 최소한의 내용을 준비하는 것임을 고려한다면 50% 의 수행으로 학습이 잘 이루어지길 기대할 수는 없다. 물론 과목별로 편차가 좀 있었고 주어진 과제에 대해서도 과목에 대한 선호도에 따라 수행 정도가 차이가

있었다. 숙제가 수학 익힘책 같은 경우는 은수가 집중력 있게 단시간에 학습할 수 있는 부분이어서 비교적 잘 수행하지만 일기쓰기나 독후감 작성해 오기 등에 대해서는 시간이 더 소요되고 생각을 많이 해야 하는 과정이라서 성실성이 떨어졌다. 특히, 가정통신문에 대한 알림의 부분에 대해서는 가정에서 부모님과의 연계가 필요한 부분이었는데 이 부분은 거의 이루어지지 않고 있었다.

· 학습 준비가 미비한 날에는 학습 준비물이 없는 원인이나 친구들의 지적으로 친구들과 의사소통도 더욱 원활하지 않았고 혼자서 소극적으로 활동하는 경우가 많았다. 예를 들면, 바꿀 물건을 가져오는 바꿈의 날 같은 경우에는 준비가 되지 않아서 다른 친구들과 의사소통을 전혀 할 수 없는 상황이었고, 교사의 지시에 따라 다른 친구들을 관찰하는 역할을 부여받았으나 표정이 많이 어두워졌으며, 다른 알림의 내용에 대해 모둠장이 점검을 실시하는 경우 모둠장이 교사의 역할을 대신하여 지적을 하고 꾸중을 하는 경우가 있었다. 일반적인 아동의 경우는 모둠장의 지적사항에 대해 또래라는 생각에 별 반응이 없으나 은수는 민감하게 반응하는 것처럼 보인다. 또한 교사가 지시하는 협동학습 이외에 다른 쉬는 시간이나 점심시간에는 다른 아이들과 자연스럽게 어울리는 모습을 보기가 거의 힘들었으며 아이들과 함께하는 대신 혼자서 그냥 자리에 앉아서 아무것도 하지 않거나 다른 학용품을 만지작거리는 모습(부정적인 활동 2~3회)만을 보였다. 다른 아이들이 하루에도 십여 차례씩 다른 친구

들과 이야기하고 웃고 싸우는 모습에 비하면 지수는 너무 개별적으로 행동하고 있음을 알 수 있었다.

2-1 문제행동이 발생하기 전에 어떤 일들이 있었나요? 어떤 것이 이 문제행동을 일으켰을까요?

· 아침 등교 시부터 얼굴 표정이 밝지 않고 잠이 덜 깬 듯한 모습을 하고 있으며 등교 후 개별적으로 교사에게 다가와서 자신이 준비하지 못한 부분에 대해서 이야기하고자 한다. – 교사에게 먼저 이야기를 해서 벌칙을 줄이거나 미리 예방하려는 의도로 보여서 무시하는 반응을 보였음

· 해당 교과목 수업시작 전부터 행동이 느려지고 책상서랍을 뒤지는 척하거나 가방을 그냥 뒤적이거나 사물함에 왔다 갔다 한다.

· 그 날에 해야 하는 학습지나 확인이 필요한 가정통신문에 이름만 쓴 채 교실에 두고 가거나 바닥에 떨어뜨리고 가는 경우가 있어서 다른 친구들이 교사에게 가져다 준다.

2-2 보통 그 행동 이후에는 무슨 일이 생기나요? 어떤 결과가 문제행동을 지속시키는 것 같으세요?

· 행동이 느려져서 준비가 안 되는 경우 일반적으로 과목부장이 모든 친구들의 수업준비도를 점검할 때까지 시간이 지연되며 이때 교사의 시선이 머무는 지수 쪽으로 아이들의 시선도 향하게 된다.

· 수업 준비가 안 되어서 수업 중간에 혼자서 찾으러 다니는 경우

수업이 중단되고 교사와 친구들 전체가 기다리게 됨. 아동에게 시간에 대한 소중함과 공동체에 대한 의식을 심어 주기 위해서 실시하고 있으나 은수에게 행동 수정의 효과는 없는 것처럼 보인다.

· 다른 학생들이 활동을 시작하고 나서 은수는 혼자서 다른 물건을 만지작거리고 있다가(고립행동 이후에) 교사에게 다가와서 자신의 행동을 다시 점검하는 질문을 시작함 –"선생님 지금 수학 익힘책 풀어도 돼요?" "선생님 저걸로 다시 해도 돼요?"

☞ 아이들이나 교사가 자신의 잘못을 알아차려서 판단한다고 생각하는 상황 자체가 내담자의 소극적인 모습을 더 부각시키고 있다. 학생의 성격에 따라 다르지만 다른 아이들은 교사의 훈계 이후에 다시 해 보려고 하거나 최소한의 노력하는 모습이라도 보이지만 은수는 그냥 내버려 두거나 혼내면 아무것도 하지 않고 그냥 시간을 보낸다. 그렇다고 내담자의 잘못을 그냥 모른 척하고 지나가기에는 다른 학생들과의 형평성 문제가 작용하고 때로는 모둠장이 교사보다 더 꼼꼼하게 점검하고 지시하는 경우가 있는데 이런 경우에는 그런 행동이 더 오래 지속되는 것 같다.

즉, 자신의 잘못이 드러나서 다른 사람이 자신을 나쁘게 판단한다고 생각하기 시작하면 더욱 부적응적인 행동을 반복한다고 생각된다.

2-3 하루나 일주일 중에 가장 문제가 많이 나타나는 때는 언제인가요? 아동 행동에서 어떤 패턴이 발견되나요?

· 상대적으로 가정과 연계한 준비물이 많은 월요일과 수업시간 수가 많은 목요일에 자주 발생하며 기본 과제를 점검하는 아침 시간에 자주 발생한다. 이런 문제가 발생한 날 야외활동이 있는 경우 아이들과의 활동에 잘 어울리지 못한다.
· 친구들에게 먼저 다가가서 이야기를 나누는 경우는 거의 없으며 다른 친구들이 먼저 이야기를 하는 경우 대답은 한다. – 또래 관계에서 수동적으로 반응한다.
· 체육시간이 있는 화요일, 수요일, 토요일의 경우 신체활동, 유희활동 시 다른 친구들과 협동하여 활동하는 데 어려움을 많이 느낀다.

2–4 문제행동과 관련되어 보이는 모든 상황을 정리해 봅시다.

· 가정에서 학교 학습에 대한 관심도가 적다. – 맞벌이 가정으로 부모님이 지수를 돌볼 시간이 적다. 대신 학원학습을 시행하고 있다.
· 모둠장 친구가 지수에게 잔소리를 하는 경우가 있다.
· 교사의 지시가 있고 나서 한참 후에야 행동이 이루어진다.
· 준비하는 시간이 오래 걸리고 그러면서 중요한 학습 내용을 놓치는 경우가 많다.
· 친구들이 장난치며 노는 경우 직접 참여하려고 시도하지 않고 지켜본다.
· 교사의 행동, 외모에 관심이 많아서 자주 와서 질문한다.

2-5 아동이 이 행동을 하는 이유는 무엇일까요?

· 자신의 부족한 부분을 인정하고 싶어 하지 않고 상황을 회피하려는 성향이 강하다.

· 자기가 지적을 당하거나 추궁을 듣는 경우 자존심이 상한다고 생각하거나 실제적으로 다른 사람과 어울리는 것이 익숙하지 않다.

· 친구들과 함께 어울려 놀았던 경험이 적다.

· 친구들의 의견을 그냥 따라가기보다는 자신의 생각을 내세워 마찰이 있다.

· 부정적인 생각이 지속되면 학습 의욕도 상실되는 것으로 보인다.

3-1 아동의 행동을 변화시키기 위해 우리가 할 수 있는 것은 무엇일까요?

· 스스로 점검할 수 있는 도구를 제공하고 의도적으로 아침에 한 번씩 교사와 면담시간을 갖도록 한다.

· 2일에 한 번씩 하교 후에 5분 미팅을 하고 그날의 느낌이나 소감에 대해 자유스럽게 나누도록 한다.

· 친구들의 인정 – 친구들 앞에서 잘하는 부분에 대해서 공개적으로 칭찬해 주고 칭찬스티커를 준다.

· 특히 모둠활동, 즉 협동학습에 관련된 사항에 대해서 성실히 행하는 경우 모둠을 함께 칭찬하여 지수를 통한 긍정적인 자긍심을 키워 준다.

▶ 구체적인 준비사항

· 부모님과 연계하기: 가정 내 부모님께 알림편지 보내기

· 은수가 납득할 수 있는 상세한 설명과 함께 알림장 점검 방법=자기점검표 안내하기
· 매일 아침 교사에게 확인받는 과정을 안내하고 잘 완수한 상황에서의 보상에 대해서 안내하기
· 강화물 준비
· 자리배치를 통하여 긍정적인 의사소통, 친구관계의 모델이 될 수 있는 친구를 짝으로 정해 주기
· 아이가 스스로 점검할 수 있는 방법을 생각해서 도와주고 잘 하는 경우에 외재적 강화 실시. 사탕이나 초콜릿과 같은 구체적인 강화물을 지속적으로 제공
· 알림장을 점검하는 것이 습관화될 수 있도록 계속적으로 관심 갖기
· 교사와 대화의 시간을 정해서 자유롭고 즐거운 이야기시간을 만들어주기
· 구체적인 의사소통 방법 연습하기

3-2 그 이유는 무엇인가요?

· 초등학교 3학년은 음식물에 대한 반응이 강한 편이므로 외재적 강화를 충분하게 제공하여 칭찬받는 기회를 늘이고 구체화하기
· 교사, 어른들에게 인정받고 싶어 하는 욕구가 강하므로 하루 일과를 잘 정리한 경우 교사와 자유롭게 대화할 수 있는 시간을 마련해 주기
· 또래 아동과의 의사소통에 대해서는 경험이 너무 적은 상태이

므로 교사와 함께 연습하는 과정이 필요

3–3 만약 그 개입법을 쓸 수 없다면 대안적인 개입법은 무엇이 있을까요?

· 짝을 통해서 부족한 부분을 아침에 미리 점검하여 하루 일과 가운데 부정적 영향을 최소화하기: 친절한 짝꿍 도우미를 통해서 준비도 높여 주기

· 그날 할 일은 학교에 남아서 다 하고 난 후 하교하기: 가정에서의 학원시간과 조율을 통해서 학교 공부에 대해 우선순위를 둘 수 있도록 지도하기

3–4 언제, 어떤 방법으로 그 개입법을 쓸 수 있을까요?

· 알림장 자기점검카드, 체크리스트를 매일 아침 점검하고 초콜릿 제공하기

· 알림장을 쓰는 점검의 시간에 그날 할 일을 개별적으로 다시 한 번 확인하게 하고 제시된 내용의 가짓수와 꼭 챙길 일을 점검하여 내담자가 인지하도록 도와주기

· 가정과 연계하여 부모님께서 지수가 스스로 할 수 있도록 도와주도록 하기

· 매일 수업시간을 마친 후 하교하기 전 5분 동안 교사와 대화 시간 갖기(개입 기간 동안)

· 하교하는 아동에게 오늘 하루 중에 잘 한 부분이 무엇인지 물어보고 칭찬해 주기

3-5 개입을 위해 준비해야 할 것은 무엇일까요?

· 알림장에 개별 자기점검표 만들어서 붙여 주기

· 부모님 알림장 확인 방법 바꾸기: 잠들기 전에 현관의 부모님 신발 벗으시는 곳에 알림장을 놓도록 하고 부모님께서 확인하신 후 그 자리에 놓아 두시면 아침에 챙겨서 가지고 오기, 미리 준비가 필요한 준비물의 경우는 사전에 알림장에 메모하여 보내기

· 친구들과 의사소통에 대해서 5분 면담하기 시간을 위한 환경적인 여건 고려

3-6 개입을 하는 과정에서 나타날 수 있는 문제점이나 어려운 점은 무엇이 있을까요?

· 다른 친구들과 구별된 활동이라서 다른 아이들에게 부정적인 관심을 받을 수 있다.

· 교사와의 대화시간을 고정적으로 마련하기 위한 교사의 준비: 조용한 대화장소 마련, 다른 친구들과의 관계 고려

· 개입 기간에 교사가 매일 아침시간과 마침시간에 내담자와 잠시라도 면담의 시간을 갖고 지속적으로 챙겨 주고 강화를 해야 한다.

· 내담자가 잘하는 부분과 잘 못하는 부분에 대해서 상담자가 지시적으로 알려주지 말고 내담자가 스스로 생각해 보고 이야기할 수 있도록 인내하고 기다리기(내담자의 인지적인 수준 고려)

3-7 개입 계획을 수립해 봅시다.

알림내용	O/O	OX	못한 이유
숙제			
준비물			
알림			
자기 확인	6/7		
자기반성			

- 자기점검표를 알림장 맨 앞에 붙여 주고 매일 아침 일기장을 제출할 때 점검하여 보상하기 / 매일 아침 등교 후 알림장을 개별적으로 검사 맡고 그날의 일과에 대해서 1분 미팅
- 알림장을 쓰는 정리의 시간에 알림장의 숙제, 준비, 알림 내용을 다시 한 번 물어서 집에 가서 할 일의 가짓수와 준비를 기억하게 한다.
- 6월 자리배치: 교사와 물리적인 거리가 가장 가까운 1모둠의 맨 앞자리로 자리를 정하고 학급 내에서 다른 사람에 대해 배려심이 강하고 꼼꼼하고 차분한 여학생을 짝으로 배치
- 매일 수업시간을 마친 후 하교하기 전 5분 동안 교사와 대화의 시간을 갖기

· 개입을 하는 동안에도 계속적으로 아동 행동을 관찰해서 기록하시기를 권해 드립니다.

(3) 개입평가

1-1 개입계획이 어떻게 진행되고 있습니까?

· 3월, 4월, 5월의 학급 내 자리와 짝과의 관계를 고려했을 때 상대적으로 모델이 될 만한 아이와 짝을 하는 경우에는 학습준비도가 좋았고, 그렇지 않은 경우에는 더욱더 행동이 고립되는 경향이 있었다.

· 자리배치: 자리를 새로 정해서 교사와 계속해서 대화를 주고받을 수 있는 곳에 앉도록 하였으며 매일 아침 알림장의 체크리스트를 점검하고 잘 된 부분은 칭찬, 잘 안 된 부분에 대해서는 잘 되지 않은 이유에 대해서 대화를 나누기 시작하였다.

· 자기점검표: 첫째 날 100%의 수행을 보여서 초콜릿으로 강화를 하였고 지수 스스로도 "마음이 뿌듯하다."라는 말을 할 정도로 만족한 반응을 보였다. 개입 2일째 되는 아침 100% 완수를 했던 날 지수의 성취감이 표정으로 나타났고 집에서 마음 편안하게 시간을 잘 보냈다는 소감을 들었다.

· 둘째 날 부모님과 연계된 평가받기: 가정통신 확인 부분을 제외한 스스로 할 수 있는 부분에 대해서는 모두 준비를 해 왔다. 부모님과 연계가 부족해서 알림장을 검사받는 형식을 달리해서 신발장 약속을 하였다.

· 주말과 휴업일을 지내고 왔을 때(6/8) 아침부터 기분이 좋지 않았고 알림장 점검에 있어서는 자기가 할 수 있는 부분을 다 했다고 하나 대답을 잘 하지 않는 증상이 나타났다. 방과 후에 집

에 가기 전에 물어보았을 때 "아침에 왜 기분이 안 좋았을까?" 물었더니 "어제 저녁에 너무 늦게 자서 잠이 깨지 않았다."고 대답했다.

· 매일 아침 점검표 점검과 하교하기 전에 개인적인 면담시간을 꼭 갖고 외재적 강화뿐만 아니라 내재적인 강화를 시행한다.

1-2 목표가 달성되었습니까?

· 아동이 아침에 등교해서 잠시 만나는 시간을 기다리고 있었고 개입 이전과 비교했을 때 준비도가 많이 향상되었다. 수행 후 보상을 하는 경우 초콜릿을 주었는데 내담자가 소중히 생각하고 뿌듯해하는 표정을 볼 수 있었다.

· 알림장을 점검해서 준비하는 준비도는 목표한 대로 80% 이상 이루어지고 있어서 매우 긍정적이나 가정에서의 관심이 조금 더 필요하겠고 모둠원들과의 의사소통이나 상호관계에 대해서는 관찰하기가 쉽지 않았다. 의사소통에 대해서는 더 생각해보고 알림장의 준비도와의 연관성을 분석해 볼 필요가 있다.

· 알림장을 준비해서 학교에 오다 보니 아침에 머뭇거리는 시간이 많이 줄어든 것 같았고 비교적 안정되어 가고 있었다.

· 그동안 관찰했던 일지를 바탕으로 의사소통에 대한 기초선을 다시 마련하고 의사소통에 대한 개별적인 개입과정이 필요하다는 생각이 들었다.

2-1 목표 달성에 이르지 못했다면, 무엇 때문이었을까요?

· 처음에 목표로 잡았던 부분은 학습 준비도를 향상함으로써 학급에서의 의사소통에까지 긍정적인 영향을 끼치는 것을 생각했었는데 개입 이후 관찰을 실시하면서 학급 내의 의사소통이 자연스럽지 못하고 자신 없는 부분에는 다른 영향이 있음을 생각할 수 있어서 독립적으로 친구관계에 대한 면담을 실시하였다.

· 면담을 실시한 결과 아동이 친구관계에 대해서 자신감이 낮았고 실제적으로 친구에게 다가가서 먼저 이야기 꺼내기, 인사하기, 도움받기, 도움 요청하기, 사과하기, 고마움 표현하기 와 같은 기본적인 언어기술에 대해 훈련이 필요하다는 생각을 하게 되어 의사소통에 관련한 다른 처치(중재)를 실시하도록 하였다.

☞ 알림장에 대한 부분은 목표 달성

2-2 어떤 절차를 변화시키면 문제행동을 변화시킬 수 있을까요? 어떤 다른 개입법을 쓸 수 있을까요?

· 알림장 수행에 대해서는 목표가 달성되어서 안정화되도록 계속 관심을 기울인다.

· 의사소통에 대해서는 개별적인 처치에 들어간다.

(# 후반부에 상담내용과 처치 방법을 기재한다.)

2-3 수정된 절차를 언제, 어떻게 적용할지 계획을 세워 봅시다.

☞ 6/3~10까지 의사소통에 대한 기초선을 마련하고 6/13부터 개입을

독립적으로 실시하였다. 따라서 앞으로 논의되는 부분은 알림장에 대한 수행 정도를 중심으로 결과를 정리하도록 하고 의사소통에 대한 부분은 개별적으로 논의한다.

3-1 우리의 개입이 아동을 변화시킨 것이라고 생각하십니까? 그 이유는 무엇입니까?

· 아동과의 면담을 실시하여 알림장에 대한 수행 정도에 대한 생각을 물어보았다.

면담일시 6월 10일

상 : 은수야, 오늘 학교생활은 어땠니?

내 : 수학공부는 잘 했는데 과학이랑 국어공부를 잘 못했어요.

상 : 아……. 시험지 공부한 거 이야기하는 거구나. 선생님은 시험 결과를 이야기하는 것이 아니고 공부하는 동안 지수가 열심히 했냐고 묻는 거야.

내 : 네. 그런 것 같아요.

상 : 요즘 선생님과 알림장 점검하는데 어떠니? 잘 되고 있니?

내 : 네. 그런 것 같아요.

상 : 그렇구나. 2학년 때와 비교했을 때 은수가 더 잘 하고 있는 것 같니?

내 : 네. 2학년 때보다 잘해요.

상 : 그렇구나. 잘되었구나. 선생님은 은수가 계속 잘 할 수 있을 거라고 믿어.

내 : 네.

☞ 자기점검표를 활용한 준비도 향상이 기대했던 것보다 더 좋은 효과를 가져온 것을 알 수 있었고 이를 통해서 내담자의 인지적인 수준이 높아서 스스로의 수행에 대해서 반성적으로 사고할 수 있었다고 짐작할 수 있다. 그동안의 생활에서는 내담자에게 맞는 적절한 안내가 없었고 내담자 스스로 잘 해야 하는 필요성을 모른 채 그냥 시간을 보내는 경우가 많았던 것 같다. 내담자가 처음에는 외적인 보상에 많은 관심을 보이고 기뻐하는 모습을 보였지만 13회기 이후에는 간헐적으로 강화를 실시하여도 비교적 안정된 모습을 보였다. 처음에 의도와 달리 내담자와 상담자의 개인적인 관계에 대해서 또래 친구들의 관심을 받기도 하였으나 이러한 부분이 오히려 내담자를 더 자극하고 자부심을 갖게 하는 계기가 된 것 같다. 이 부분은 외적인 부분이 잘 통제되지 않아서 영향을 미친 것이지만 내담자의 수행에 긍정적인 영향을 미쳤기 때문에 그냥 별다른 개입 없이 진행하였다.

처치 중간에 상담자와의 면담을 통해서 자신의 수행에 대한 생각을 여러 번 질문하였는데 내담자 스스로 예전보다 나아진 것에 대해서 느끼고 생각하고 있었기 때문에 상담하기가 수월했던 것 같다.

그 밖의 다른 요인으로는 어머니와의 면담을 바탕으로 어머니와 함께 처치를 시작한 부분이 환경적인 바탕이 되었고, 내담자의 인지적인 수준이 높은 편이며 교사에게 인정을 받고 싶은 욕구가 강하게 작용하여서 매일 규칙적으로 교사와 이야기 나누는 것이 긍정적인 효과를 유도한 것 같다.

⊙ 기초선과 개입시기별 관찰 및 평가 내용 (관찰 행동, 관찰방법, 시간, 장소, 측정도구 등)

알림장 수행 완성도 측정

▶ 개입(처치) 목표: 알림장의 숙제, 준비물, 알림이라는 3가지 영역을 스스로 점검하여 다음날 아침에 점검하였을 때 80% 이상의 기본 준비가 이루어져 있도록 한다.

▷기초선 측정기간 – 회기 수 : 1~5회기(○/○ = 수행/제공의 비율로 표현)

회기(월/일)	1(5/25)	2(5/26)	3(5/27)	4(5/30)	5(5/31)	6(6/1)
숙 제	2/3	1/2	1/3	1/3	1/2	1/2
준 비 물	3/3	2/5	0/0	1/3	0/0	2/3
알 림	1/2	0/1	0/1	0/1	1/1	1/1
계	6/8	3/7	1/4	2/7	2/3	4/6
전체수행비율	0.75	0.43	0.25	0.29	0.67	0.67
완성도(%)	75	43	25	29	67	67
비 고	평균적으로 50% 정도의 수행 정도를 보이고 있는데, 알림장에 적는 내용이 그 다음날 학교생활에 필요한 최소한의 요건임을 생각할 때, 내담자의 수행이 학교생활에 미치는 영향이 부정적임.					

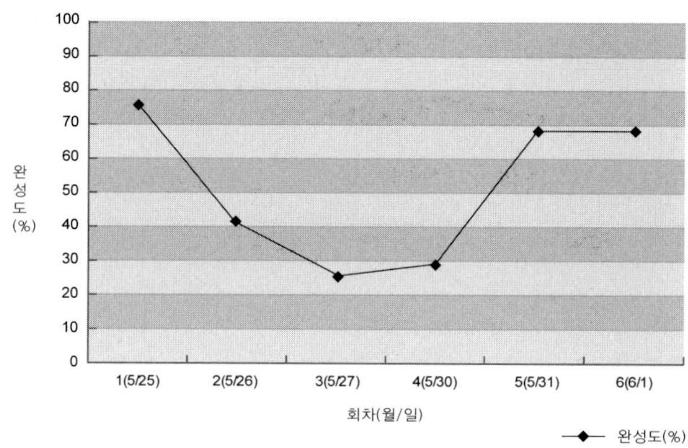

알림장 수행 완성도 기초선 측정

▷개입 후 처치기간 – 회기 수 : 7~18회기(○/○ = 수행/제공의 비율로 표현)

회기(월/일)	7(6/2)	8(6/3)	9(6/4)	10(6/7)	11(6/8)	12(6/11)	13(6/13)	14(6/14)	15(6/15)	16(6/17)	17(6/18)	18(6/20)
숙 제	2/2	1/2	3/4	0/1	1/1	4/4	2/3	2/2	2/3	3/3	3/3	3/3
준비물	1/1	2/3	0/0	5/6	1/1	1/1	2/2	1/1	1/1	1/1	2/2	0/0
알 림	1/1	0/0	3/3	1/1	1/1	1/1	1/1	0/0	1/1	1/1	0/0	2/2
계	4/4	3/5	6/7	6/8	3/3	6/6	5/6	3/3	4/5	5/5	5/5	5/5
전체수행비율	1	0.6	0.86	0.75	1	1	0.83	1	0.8	1	1	1
완성도(%)	100	60	86	75	100	100	83	100	80	100	100	100
비 고	처음에는 외재적 강화에 대해서 긍정적으로 반응하면서도 불안정한 모습이 있었으나 11회기 이후에는 연속적으로 8회 이상 80% 이상의 안정된 모습을 보임.											

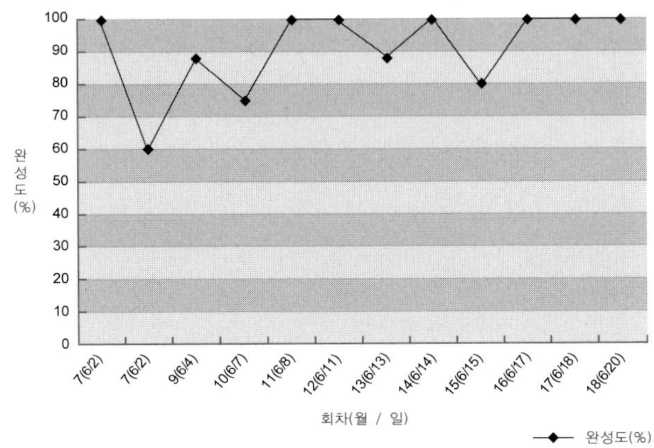

처치(중재) 동안의 알림장 수행 완성도

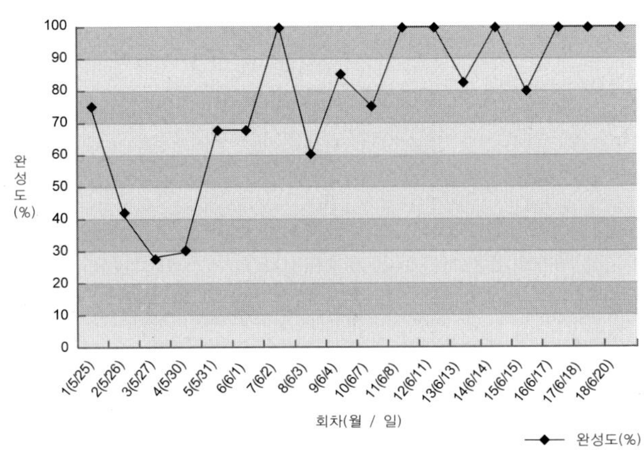

기초선과 처치(중재) 동안의 내담자의 알림장 수행 완성도

♥ 일기장을 통한 내담자의 소감문

제목: 점검표를 하면서 달라진 점, 친구들과 더 잘 놀게 된 점

6월 20일 월요일 날씨 맑음

점검표를 계속하니까 내가 한 일을 직접 볼 수 있었다. 하지만 이제는 점검표를 작성하지 않고도 내가 할 일을 다할 수 있을 것 같다. 그리고 친구들과 더 잘 놀게 되어서 좋았다. 이젠 선생님 도움 없이 나 혼자서 실천하고 점검표가 없어도 내가 할 일 다하자.

♡상담자의 답장: 힘들었을 텐데 선생님과의 약속을 성실하게 지키려고 노력한 은수가 너무 대견스럽구나. 은수의 다짐처럼 이제 무슨 일이건 혼자서도 씩씩하게 해 나가길 바란다. 혹시 또 선생님의 작은 도움이 필요하다면 선생님께 알려 줄 거지? 사랑하고 축복한다.

☞ 짧은 글이지만 내담자에게서 혼자 할 수 있다는 마음가짐과 의지를 보니 그동안의 과정에서 힘들었던 점이 아무것도 아닌 것처럼 느껴졌다. 초등학교 3학년 시기에 아이들과 좋은 관계를 형성하고 좋은 학습습관을 다지는 기초가 되었기를 기대하며 앞으로도 다른 아이들에게 더 좋은 상담자이자, 교사, 친구가 되어야겠다고 다짐하는 계기가 되었다.

3-2 이 개입법을 얼마나 더 지속하는 것이 좋을까요?

· 6월 20일 일기장을 검사한 후 면담 결과 "이제는 이거 안 해요?"라면서 아쉬움을 표현하였고 면담 과정 가운데 이제는 점검표는 과정이 없더라도 스스로 할 수 있다는 이야기를 듣게 되어 개입을 중단해도 될 거라고 판단하였다.

면담을 마치고 집에 가던 내담자가 다시 돌아와서 "근데요, 선생님, 저 그동안 잘했으니까 오늘 초콜릿 두 개만 주면 안 되요?"라고 이야기해서 웃으면서 초콜릿을 주었다.

· 내담자가 이제 10세 초등학교 3학년이라서 순수하게 상담자의 지시에 잘 따라준 부분도 있었지만 자신의 수행 정도에 대해 만족하고 자신감을 얻게 되었다고 판단되어 이후에는 교실에서 다른 아이들에게 동일하게 적용하고 있는 "스스로 공부해요." 점검표만 점검하는 것으로 관찰해 보도록 할 예정이다.

3-3 이 개입이 비슷한 문제행동을 가진 다른 아동에게도 적용될 수 있을까요?

· 은수의 완성도가 안정적인 경향을 보이기 시작하면서 지수와 비슷한 문제를 보이는 다른 학생에게도 개입을 시작하였다.

▶ 인적사항

· 아동 이름: 박성우
· 성　　별: 남
· 학　　력: 서울봉래초등학교 3학년에 재학 중

▶ 상담 경위 및 주요 호소문제

· 다른 사람 앞에 나서는 것을 부끄러워하는 내성적인 성격의 아동으로 보이나 원 성격은 자기 주장이 있고 스스럼없는 활달한 기질이 있어서 양면성을 보이는 경향이 있다.

· 교사의 말에 주의를 기울이고 관심을 항상 기울이고 있으나 알림장을 점검하여 숙제, 준비물을 챙기는 부분을 놓치는 경우가 많다. 음악시간에 리코더가 없거나 체육시간에 줄넘기가 없는 등 주요한 활동에 영향을 미치는 경우가 많다. 어머님이 관심을 갖고 계시나 아동의 실제적인 수행에는 영향이 적은 듯 보이나 아동이 일기장이나 숙제, 알림장의 내용을 못 챙기는 경우 교사에게 문자로 미리 연락을 주거나, 전화를 하거나 메모를 보내는 등 중재역할을 하기도 한다. 어릴 적에 어머니와 떨어져 지냈던 경험이 있어서 애정결핍 증세가 있으며 어머니도 상대적으로 미안한 마음을 내보이는 경우가 있다. 그러나 그러한 어머니의 노력이 아동에게는 오히려 부정적인 영향을 끼치고 있는 듯 보인다. 유순한 성격으로 보이나 고집이 센 면이 있어서 가정 내에서는 부모님과의 의사소통에서 고집을 부리는 경우가 많다. 학업 성취도는 중간 정도이며, 특히 체육과목에 흥미도가 높다.

☞ 행동특성: 준비물을 자주 잊는 편이며 숙제, 알림의 내용에 대해서도 스스로 점검하지 못하여 어머님께서 문자메세지로 연락 또는 메모하시거나, 따로 연락 주시는 경우가 많은 편이다. 교사에게 순종

적으로 교사의 말에 주의를 기울이고 있으나 가정과 연관되어 준비되는 알림장의 내용이 미비한 경우가 많다.

제2내담자의 알림장 수행 완성도 측정

▶ 개입(처치) 목표: 알림장의 숙제, 준비물, 알림이라는 3가지 영역을 스스로 점검하여 다음 날 아침에 점검하였을 때 80% 이상의 기본 준비가 이루어져 있도록 한다.

▷ 제2내담자의 기초선 측정기간-(아래 처치기간에 측정 결과 함께 정리함)

· 5/23~5/28 : 7번 중 일기쓰기 2회 실행, 3회 이상 준비물 미비

· 5/30~6/4 : 7번 중 일기쓰기 2회 실행, 3회 이상 준비물 미비

· 6/6~6/11 : 7번 중 일기쓰기 1회 실행, 4회 이상 준비물 미비

· 6/13 : 일기쓰기 안 됨

· 6/14 : 일기쓰기, 아침자습 미완성, 체육시간 줄넘기, 음악시간 리코더 준비 안 됨

회기(월/일)	1(6/7)	2(6/8)	3(6/11)	4(6/13)
숙 제	0/1	1/1	2/4	2/3
준 비 물	4/6	0/1	1/1	0/2
알 림	1/1	0/1	1/1	1/1
계	5/8	1/3	4/6	3/6
전체수행비율	0.63	0.34	0.67	0.5
완성도(%)	63	34	67	50
비 고	기초선 측정 기간			

▷제2내담자에 대한 중재(처치)기간

· 개입방법

– 제1내담자와 같은 형식으로 같은 시간에 같은 방법으로 처치. 의사소통과는 독립적인 과정으로 알림장에 대한 부분만 관계된 부분이므로 자리배치는 고려하지 않음. 제1내담자의 자리배치는 의사소통 상황에 대해서 관찰을 하기 위한 과정이었다.

① 6/14 알림장에 어머님께 편지글을 보내 협조 요청 후 자기점검표 붙여 주고 사용방법을 설명한다.

② 정리시간에 알림장을 쓴 후 그 날의 할 일, 준비물, 알림 내용을 스스로 다시 살펴보게 하고 가짓수를 확인한다.

③ 6/15 아침에 점검 – 알림장의 내용에 대해서 100% 준비되어 있어서 사탕으로 강화를 주었음. 알림장에 부모님이 확인한 후 "선생님, 감사합니다."라는 메모가 적혀 있다. 가정과 연계하여 진행이 이루어지고 있으며 개입 후 곧바로 일어난 반응이므로 지속성을 위해 계속적인 관심이 필요할 것으로 생각된다.

회기(월/일)	1(6/7)	2(6/8)	3(6/11)	4(6/13)	5(6/14)	6(6/15)	7(6/17)	8(6/18)	9(6/20)	10(6/21)	11(6/22)
숙 제	0/1	1/1	2/4	2/3	2/2	3/3	3/3	3/3	3/3	2/3	2/2
준 비 물	4/6	0/1	1/1	0/2	1/1	1/1	1/1	2/2	0/0	2/2	0/0
알 림	1/1	0/1	1/1	1/1	0/0	1/1	1/1	0/0	2/2	1/1	1/1
계	5/8	1/3	4/6	3/6	3/3	5/5	5/5	5/5	5/5	5/6	3/3
전체수행비율	0.63	0.34	0.67	0.5	1	1	1	1	1	0.83	1
완성도(%)	63	34	67	50	100	100	100	100	100	83	100
비 고	기초선 측정 기간				처지(중재)기간						

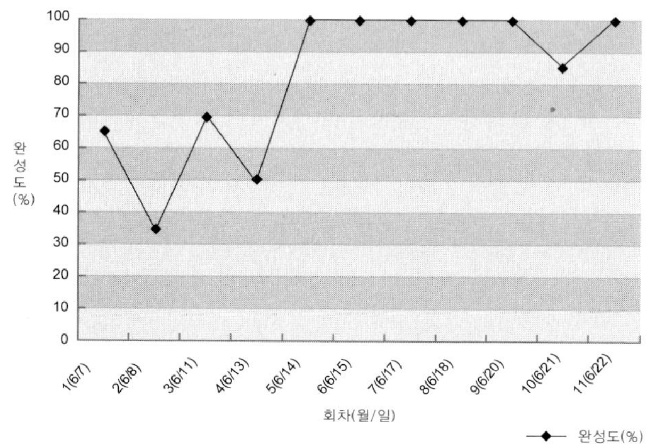

제2내담자의 알림장 수행 완성에 대한 기초선과
처치(중재) 동안의 완성도

〈3-2의 내용만 제2내담자의 처치 내용이고 여기서부터 다시 제1내담자에 대한 내용〉

3-4 어떻게 하면 아동의 변화된 행동을 다른 장면이나 다른 행동 상황에서도 나타나게 할 수 있을까요? 아동의 변화된 행동을 지속시키기 위해 어떤 절차를 사용할 수 있을까요?

3-5 이후에도 긍정적 변화가 계속되는 것을 어떻게 측정할 수 있을까요?

· <u>계속적인 관심과 관찰</u>이 필요할 것이고 처치기간 동안 매일 면

담을 실시했지만 이후에는 일주일에 두 번 정도라도 잠시 이야기하는 시간을 갖고 잘하는 부분을 칭찬해 주도록 한다.

· 교사, 다른 사람에게 인정받고 싶은 욕구가 강하고 인지적인 수준이 높은 아동인 만큼 학급의 친구들 앞에서 긍정적인 강화로 칭찬해 주고 유능감을 느끼게 하는 것이 행동을 지속시키는 데 긍정적인 영향을 줄 것으로 판단된다.

· 계속적으로 가정과의 상담창구를 마련하여 내담자의 작은 변화에 대해서 학부모와 공유하도록 하고 부정적인 행동이 반복되지 않도록 유의한다.

· 내담자뿐만 아니라 학급의 다른 아이들에게도 긍정적인 강화가 되도록 학습습관이 정착될 때까지 그동안 시행하던 행동계약, 스티커(토큰 점수제), 학교-가정 연관 사랑의 대화 반성일기, 타임아웃, 한 달 동안 짝의 좋은 점을 배우는 모델링하기 등의 다양한 방법을 계속적으로 활용하도록 한다.

3-6 이제 컨설테이션을 종결하려고 합니다. 그동안 수고 많으셨습니다.

첨부: [제1내담자 은수의 알림장 수행처치 과정 중에 독립적으로 진행한 의사소통 활성화에 대한 기초선과 처치내용]

■ 내담자의 의사소통 활성화

▶ 개입(처치) 목표: 학교 일과 중에 학급 내 2명 이상의 친구들에게 먼저 다가가서 이야기를 건네고 협동적인 학습활동을 함께

한다.

▷ 2차 개입과정 계획 배경

· 1차 개입과정인 알림장 준비도를 개입실시하면서 의사소통을 관찰한 결과 개인적인 수행 정도는 향상되었지만 친구들 사이에서의 의사소통에는 큰 변화가 없음이 관찰되었고 실질적으로 아이들과 의사소통 상황에서의 소극적인 모습은 친구들과의 관계에서 자신감이 없는 근본적인 생각에서 비롯한 것이 아닐까 생각하게 되었다.

· 교사와의 면담과정 중에 사회기술 훈련실시계획
알림장 준비를 80% 이상으로 유지하면서 안정기에 접어들고 있으므로 계속해서 관심을 보여 주도록 할 예정이며 친구관계에 대해서는 알림장과의 관계 이외에도 지수의 내면적인 생각에서 친구들과 이야기하기에 자신감이 부족하다는 것을 발견하고 친구관계를 형성하는 기초부터 연습하는 과정을 거치도록 독립적인 개입과정을 진행하기로 하였다.

▷기초선 측정과정 중 대표적인 장면 관찰

날짜, 시간	장면 묘사
6/3 금요일 미술시간	친구들과 함께 선생님이 주신 모루를 이용하여 사람의 움직임을 표현하는데 친구들과 이야기하기보다 교사에게 다가와서 보여 주고 이야기하려고 함. 친구들과 함께 이야기하고 같은 배경판에 구성하여 꾸미도록 하였으나 소극적으로 자신의 준비물만 가지고 시간을 보냄.
6/4 토요일 과자파티 다과회와 체육교과의 춤추기 단원	친구들과 함께 과자를 나누어 먹는 동안 혼자서 자신이 준비한 것만 먹고 그 이후에 음악에 맞추어 몸으로 표현하는 부분에서는 친구들이 점차 자리에서 일어나 활동하는 동안 교사에게 개인적으로 다가와서 시끄럽다는 듯이 얼굴을 찌푸리고 친구들의 동작을 단지 관찰하는 역할만 하고 있음. 친구들과 함께 활동하기보다 관찰자, 제3자의 입장에서 바라보는 시각으로 아이들과 자연스럽게 어울리지 못함.
6/8 수요일 과학시간 조별 풍향계, 풍속계 만들기 활동과 구름의 양과 바람 관찰하기	풍향계, 풍속계 만들기를 하는 동안 아이들과 대화하지 않고 교사에게 직접 와서 말을 걸고 보여 주고 설명하려 함. 만든 기구를 이용하여 바깥으로 나갔을 때 친구들과 어울리지 않고 의사소통도 없음.
6/9 목요일 현장체험학습 과정 중 활동	점심식사 시간 이후 친구들이 모두 효창공원 내의 놀이기구를 타고 놀고 있거나 공놀이를 하고 있는데 혼자서 의자에 앉아서 있음. 선생님들이 식사하시는 자리 옆에 와서 다른 친구들의 상황을 그저 보고하는 역할을 하고 선생님에게 이야기를 계속하고자 하였으며 1시간 동안 다른 친구들과 전혀 이야기하지 않음. 공원 옆 벤치에 떨어진 과자부스러기를 주워서 먹음. 교사가 다가가자 당황하는 눈빛을 보여서 잠시 대화를 나누었는데 방금 점심을 먹었는데도 배가 고파서 주워 먹었다고 함.
6/10 금요일 보고서 만들기	일기장에 미리 조사한 김구 선생님에 대한 자료와 어제 견학한 백범기념관 체험활동 내용 보고서 정리하기, 친구들에게 모르는 내용을 전혀 묻지 않고 혼자 활동함.

회기(월/일)	1(6/3)	2(6/4)	3(6/8)	4(6/9)	5(6/10)
긍정: 친구에게 말 걸기(+), 함께 공부하기, 도움 주고 도움 받기	5회	4회	2회	3회	3회
부정: 협동학습 중에 혼자서 학습(–)	1회	1회	3회	3회	2회
비고: 간략한 상황설명	쉬는 시간(+), 만들기 활동(–)	다과회 시간 중(+), 표현활동시간(–)	기구조작시간(+), 조별 실습(–)	관찰학습(+), 점심시간부터 놀이시간(–)	수학시간(+), 보고서작성(–)
계	5–1=4	4–1=3	2–3=–1	3–3=0	3–2=1
비 고	일반적으로 의사소통이 많았던 날은 혼자서 부정적으로 학습하는 횟수가 비교적 적었던 것을 알 수 있었고, 다른 친구들과 의사소통이 적은 날엔 친구들에게 부정적으로 대응하는 경우가 더 많아진 것을 알 수 있었다. @ 1일 수업시간 5시간을 기준으로 잡고 한 시간에 두 차례의 의사소통을 기준하여 측정 기준 최대치 10, 최저치–10으로 설정				

▷의사소통 상황에 대한 기초선 측정

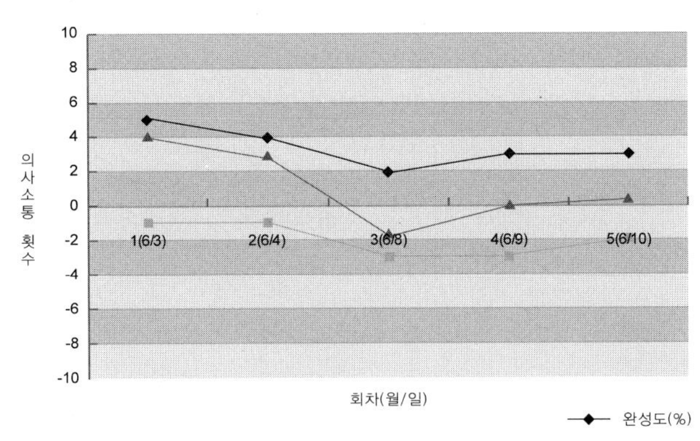

내담자의 의사소통 기초선

▷의사소통에 대한 개입

상 : 그럼 선생님이 질문 한 가지만 해도 될까?

내 : 네.

상 : 은수가 친한 친구들이 누구니?

내 : 성주와 민성이요.

상 : 다른 친구들은 어떠니?

내 : 잘 모르겠어요.

상 : 다른 친구들이랑은 친하게 지내고 싶지 않니?

내 : 아니요. 그런 것은 아니구요.

상 : 은수는 다른 친구들이랑 친하게 지내고 싶지 않은가 보구나.

내 : 그건 아니에요.

상 : 그럼 다른 친구들이 싫으니?

내 : 아니요.

상 : 다른 친구들은 은수를 좋아하니?

내 : 잘 모르겠어요.

상 : 그럼 은수는 친구들하고 잘 지내고 싶은 마음이 있니?

내 : 네. 그런 것 같아요.

상 : 그럼 은수는 친구들하고 잘 지내고 싶은 마음이 있는데 어떻게 해야 하는지 잘 모르는구나. 선생님 말씀이 맞니?

내 : 네.

상 : 그럼 선생님이 방법을 알려 주면 다른 친구들에게 이야기도 해 보고 잘 지내려고 노력해 보겠니?

내 : 예. 그럴게요.

상 : 그럼, 은수야 지금 거울 앞에 가서 은수 얼굴을 한 번 살펴보고 오렴. 표정이 어떤지 한 번 보는 거야.

내 : 그냥 아무렇지도 않아요. 다른 때랑 같은데요.

상 : 그래? 그렇구나. 다른 때와 같은 표정이구나. 그런데 은수가 지금 웃고 있는 거니?

내 : 아니요. 웃고 있는 모습은 아니에요.

상 : 은수는 다른 사람이 은수를 보면서 웃는 모습이 좋니 아니면 찡그리고 있는 모습이 좋니?

내 : 웃는 모습이요.

상 : 그런데 은수는 그냥 아무런 표정이 없네. 그럼 은수도 한 번 웃는 모습으로 만들어 볼까? 거울 앞에 가서 웃는 얼굴로 3번 만들어 보고 오렴.

(거울 앞에 가서 연습)

상 : 그럼 이제 친구들이 놀고 있는 장면을 생각해 보자.

친구들이 놀고 있으면 친구들에게 이렇게 말해 보는 거야. 물론 친구들을 가로막으면서 중간에 끼어들면 안 되겠지. 친구들이 이야기하고 있는 상황을 잘 지켜보다가 친구들에게 방해가 되지 않는 시간이라고 생각되면 "나도 같이 하자."라고 이야기하는 거야. 이렇게 말해 본 적 있니?

내 : 아니요.

상 : 한 번 큰 소리로 이야기해 볼까?

과정 상담 장면

▷사회성 훈련 과정 연습

① 언어적 교습 – 각 사회적 기술들에 구체적이고 쉬운 이름을 붙여 정의해 주고, 몇 개의 하위단계들로 나누어 아동이 이해할 수 있는 언어로 간결하게 설명한 다음, 실생활에서 예를 들어준다.

② 시범 보이기 – 아동의 모방 학습을 위해 각 목표 언어를 사실적으로 실감나게 시연해 주며, 손 인형이나 동물 인형 같은 상징물도 사용하도록 한다.

③ 역할극 – 교사를 친구라고 생각하고 연습하기

☞ 위와 같은 과정을 하루에 5분 정도 6/13~6/20까지 6번에 걸쳐 선택적으로 매일 반복하였고 보상에 있어서는 안아주기, 쓰다듬어주기, 등 두드려주기 등과 같은 신체적 보상을 실시하였다. 강화에 있어서는 친구들과 웃으며 대화하는 자체가 내재적인 강화가 될 수 있도록 외재적인 강화를 지양하고 의사소통 가운데 자신이 느끼는 감정에 대해서 계속 설명해 보도록 상담을 진행하였다.

▷ 친구들과 어울리는 방법, 좋은 놀이친구가 되는 방법을 함께 생각해 보고 이야기 나누기

♣ 친구들과 어울리는 방법

1. 아이들을 가까이에서 지켜본다.

2. 아이들을 칭찬해 준다.
3. 놀이가 잠깐 멈춰질 때까지 기다린다.
4. 같이 놀아도 되는지 물어본다.
5. 끼워 주지 않으면 그냥 다른 데로 간다.

♣ 좋은 놀이친구가 되는 방법

1. 놀이 중에 장난치며 까불지 않는다.
2. 규칙은 반드시 지킨다.
3. 자기 차례가 아니면 나서지 않는다.
4. 말싸움을 하지 않는다.
5. 다른 아이들을 칭찬한다.

▷친구들의 놀이, 대화에 참여하기 – 자기지시전략 중에서 소리 내어 행동 생각하기 과정을 거친 후 상담자와 함께 발화 연습

A : 나랑 같이하자. 나도 끼워 줄래?

- 거절당한 경우 : 그럼 다음에 같이하자.

- 승낙 받은 경우 : 그래. 고마워.

〈도움을 요청하기〉

A : 철수야 , 나 좀 도와줄래?

승낙 받은 경우 : 고마워.

거절당한 경우 : 그래. 그럼, 다음에 도와줘.

〈도움준다고 이야기해 보기〉

A : 내가 도와줄까?

승낙 받은 경우 : 친절하게 안내해 주기

거절당한 경우 : 그래. 그럼, 다음에 도움이 필요할 때 이야기해.

각각에 대해서 3번 이상 연습하기

내일 함께 이야기하고 싶은 친구 정하기

(김민성)

▷개입 후 관찰내용

6/11

아침 알림장 개입과정 점검 이후 오늘 친구들에게 이야기를 해 보라고 권하고 수업을 시작한다. 방과 후 잠시 면담과정을 거쳤을 때 3명의 친구들과 이야기를 해 보았다고 함. 예전보다 표정이 조금 더 밝아졌고 자신 있는 모습을 보임.

6/13

아침 알림장 개입과정 점검 이후 오늘 함께 이야기하고 싶은 명단 적어 보기 실시

– 방과 후 개인 면담시간 5분

상 : 오늘은 친구들과 이야기를 많이 했니?

내 : 네. 몇 명이요.

상 : 누구랑 이야기를 했는데?

내 : 김성훈, 심우성이랑 했어요.

상 : 이야기해 보니 어떠니?

내 : 뭘요? 잘 모르겠어요.

상 : 선생님 말은 예전에 친구들과 이야기 안 할 때랑 비교해서 친구들과 이야기하니까 어떤 생각이 들었냐구.

내 : 그냥 조금 재미있었어요.

상 : 그런데 지수 표정은 밝지 않네. 아직 친구들과 이야기하는 것에 대해 자신이 없니?

내 : 네.

상 : 그럼, 선생님이랑 다시 연습해 보자.

☞ 기초선 측정기간에 비해서 친구들과의 교류도는 향상되었으나 아직 자신감이 부족한 상태다. 기본적인 대화법에 대해서 연습하는 과정을 다시 실시했으며 내일 이야기하고 싶은 친구들의 이름을 적어 보고 하교한다.

▷처치(중재) 동안의 의사소통 빈도

회기(월/일)	6(6/13)	7(6/14)	8(6/15)	9(6/16)	10(6/18)	11(6/20)
긍정: 친구에게 말 걸기(+), 함께 공부하기, 도움 주고받기	7회	9회	6회	7회	7회	8회
부정: 협동학습 중에 혼자서 학습(–)	3회	1회	2회	1회	2회	0회
계	7–3=4	9–1=8	6–2=–4	7–1=6	7–2=5	8–0=8
비 고	중재 첫날은 자신감이 부족하여 목표대로 실행하지 못하고 그냥 우연히 의사소통하게 된 결과를 점검표에 기록하였음. 그 이후에는 의도적으로 상담자가 연습을 시켰고, 중간 중간에 자신의 수행 정도를 보고하러 찾아오기도 함. 시간이 흐를수록 친구들과 의사소통은 점차로 활발해지고, 협동학습 중에 혼자서 있는 빈도는 1~2회 정도로 낮아졌으며 혼자서 있더라도 활동시간이 짧아짐. 내담자 스스로 변화해야겠다는 의지가 있어서 좋은 결과가 나타난 것으로 보임.					

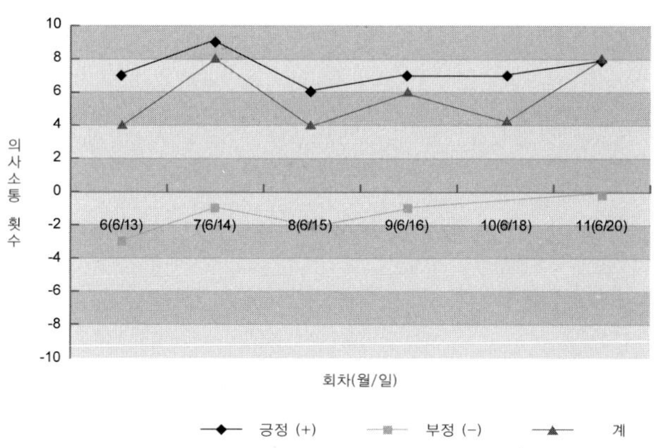

처치(중재) 동안의 의사소통

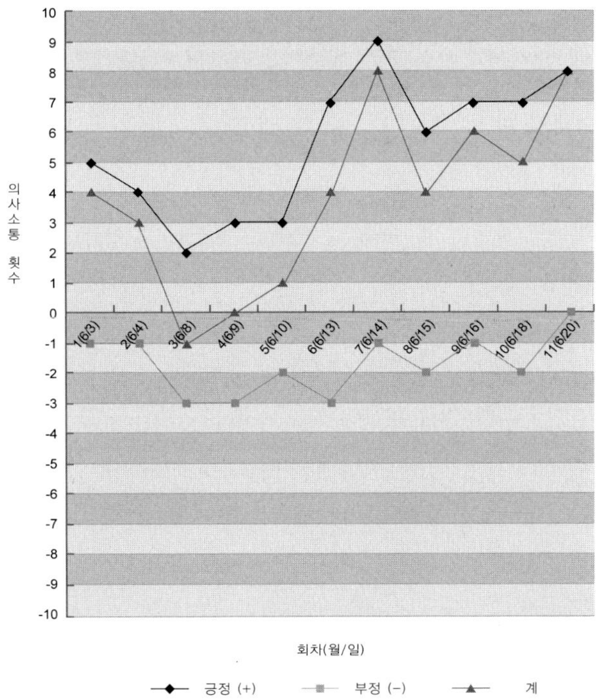

기초선과 처치(중재) 동안의 내담자의 의사소통 빈도

▷자기점검표에 의한 목표 측정

회기(월/일)	6(6/13)	7(6/14)	8(6/15)	9(6/16)	10(6/18)	11(6/20)
이야기하려고 계획한 친구이름	정태민, 주현성, 김창수	김지훈, 신상우, 김용주	김용주, 김지훈	주현성, 성민철	김창수, 주현성	김용주, 신상우
실제 이야기한 친구이름 (목표대로 실행한 경우: 밑줄)	김지훈, 신상우	정태민, 주현성, 김용주, 신상우, 성민철	김지훈	김지훈, 성민철	김창수, 신상우	김지훈, 신상우, 김용주
목표달성도	목표대로 이야기하지는 않았지만 같은 모둠과 비교적 가까이에 있는 친구와 이야기 시도	교실 내의 여러 친구들과 이야기를 나눔	같은 모둠 내에서 쉽게 이야기하려고 접근함	지훈이와 관계 형성이 원만해지면서 지훈이와 친한 민철과도 의사소통 시작됨	현성이와는 관계 형성이 쉽지 않은 듯 보이나 창수와 의사소통함	내담자 자신이 세운 계획에 대해서 100% 목표달성. 자신이 생각했던 대로 친구관계 형성
목표달성도(%)	0	67	50	50	50	100
자기평가	"어려워요."	"중간 정도 재미있었어요."		"조금 좋아요."		"재미있어요."
상담자평가	자신감이 많이 없는 모습에 상담자 자신도 확신이 서지 않는 과정이었으나 친구들에게 먼저 말을 거는 연습을 함.	의사소통이 매우 활발했던 날. 친구들과 활동하는 재미를 조금씩 느끼기 시작하는 전환점이 된 날	구체적인 표현 내용을 다시 연습함	친구관계에서 노력할 점을 깨달아 감	혼자 있기보다 친구들에게 다가가려고 노력하는 모습을 보임	적극적으로 친구들과 이야기하고 점심시간에 친구들과 의자를 옮겨 두고 같이 시험지를 풀며 공부함. 친구들이 자수의 이름을 크게 부르며 찾아오는 경우가 생겼으며 자수도 적극적으로 대응함. 하굣길에 종결상담을 하려고 했으나 친구들이 같이 가려고 기다리고 있어서 과제로 제시하고 하교함. 표정이 매우 밝아 보였고 친구들과 자연스럽게 어울리는 모습이 보기 좋았음.

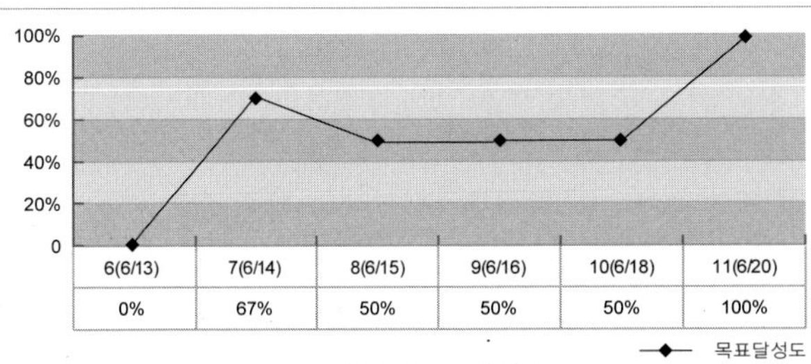

의사소통 목표달성도

6) 컨설테이션 종결 후 소감

"ADHD아동이 항상 모든 상황에서 일치하는 행동을 하는 것은 아니다. 구조화가 잘 되어 있거나 일대일 상황에서보다 신기하고 자유로운 환경이나 큰 그룹의 상황에서 훨씬 문제가 많이 드러나며, 또래가 있는 경우와 그렇지 않은 경우, 자극의 노출 정도나 주변 환경 등에 의해서도 다양하게 나타난다. 따라서 종합적이고 다접근적인 평가가 필요하다는 것이다."

어느 책에서 읽은 문구인데 내담자인 은수의 경우와 딱 맞는 말이다. 자세히 관찰하고 관심을 기울이지 않으면 별 문제가 없는 듯이 조용히 있는 아동이지만 그로 인해 학업 준비도가 낮아서 학습 결손으로 이어지고 교사와의 관계에서와는 전혀 다르게 친구들과 의사소통이 거의 이루어지지 않은 채 학교와 집을 왔다갔다 하는 것임을 생각하니 적절한 중재의 필요성이 절실해졌다.

짧은 경력이지만 매해 너무 산만하고 실수투성이인 아이들과 생활하면서 1년 내내 교사 자신에 대해 회의감이 들게 만들었던 것을 생각하면 교사가 아이들의 상황을 적절히 판단하고 개입하여 변화가 필요한 아주 작은 부분을 자극해 주는 것이 얼마나 중요한 부분인지에 대해 다시금 생각하게 되었다. 다행스럽게도 원 내담자인 은수와 비교대상으로 선정된 제2내담자의 경우 모두 상담자의 계획에 맞게 목표 달성을 이루고 행동의 변화가 일어났고, 이로 인해 학교생활 가운데 긍정적인 변화가 일어난 것이 사실이다. 상담자의 부족한 자질로 인해 통제되지 않은 수많은 요인들과 일관성 없는 진행과정이 분명 있었겠지만 결과적으로 두 학생의 학습 준비도가 눈에 띄게 향상된 것으로 첫 상담의 의의를 찾는다. 또한 개입과정에서 더욱 절실하게 느꼈지만 교육은 교사 혼자의 힘으로가 아니라 가정과 학교의 밀접한 연계를 통해서만 잘 이루어질 수 있다는 것을 생각할 수 있었다. 학교에서 반복되는 실수에 대해 교정을 시도하더라도 가정에 돌아가서 주변 환경으로부터 아무런 자극을 받지 못한다면 아직 성장과정에 있는 내담자들이 혼자서 자신의 수행을 점검하고 감당하기에는 너무 힘든 과정이 될 것이며 치료효과도 기대하기 힘들 것이다.

물론 학습장애, 학업결손, 성취동기, 저하된 자긍심, 소극적 태도 등등 다양한 원인과 증세로 힘들어 하는 아동의 변화가 훌륭한 부모나 능력 있는 교사에 의해 일어나는 것은 아닐 것이다. 바로 내담자 자신이 어떻게 생각하고 행동하느냐가 가장 중요한 열쇠일 것이다. 하지만 훌륭한 부모양육이나 교수방법이 ADHD 아동이 최선을 다하게 도와줄 수는 있을 거라고 생각한다. 적절한 개입과 평가에 의해서 아동이 올바른 학습습관을 키워가며 긍정적이고 성공적인 사회적 관계를 형성하게 되고 아이 속에 내면해 있는 잠재력이 밖으로 드러날 수 있다면 우리가 아이들을 교육하는 근본 목적에 한 걸음 다가설 수 있는 발판이 되지 않을까 생각하며 상담진행 소감을 마친다.

| 참고문헌 |

김계현, 김동일, 김봉환, 김창대, 김혜숙, 남상인, 조한익(2000). 학교상담과 생활지도. 서울: 학지사.

김동일(2004). 학교 밖 청소년 지원을 위한 평가체계: 평가와 상담 · 지원 서비스의 연계. 청소년상담문제 연구보고서, 50. 서울: 한국청소년상담원, 47-67.

김동일, 김계현, 김병석, 김봉환, 김창대, 김혜숙, 신종호(2002). 특수아동상담. 서울: 학지사.

김명훈(1985). 학교상담심리학. 서울: 대왕사.

박성희(2000). 상담효과를 가져오는 상담관계의 특성. 초등교육연구, 14, 167-180.

송현종(1999). 학교상담의 특징과 활성화를 위한 과제. 여수대학교 논문집, 12(1), 221-237.

신현균(2000). 주의력결핍 및 과잉행동 장애. 서울: 학지사.

안동현, 김세실, 한은선(2004). 주의력결핍장애 아동의 사회기술훈련. 서울: 학지사.

연문희(2003). 한국 학교상담의 현재와 미래. 한국학교상담학회 2003년 학술대회 및 워크숍 발표자료, 11-28.

오성철(2003). 초등교육지원센터 운영 프로그램 개발. 교사교육프로그램개발과제. 교육인적자원부.

오익수, 김진희, 김광수, 전명희(1995). 정부의 청소년상담 정책연구. 서울: 청소년대화의 광장.

유형근(2002). 종합적인 학교상담 체제 구안에 관한 연구. 청소년상담연구, 10(1), 55-70.

이영희, 안현미(1997). 초등학교 상담활성화를 위한 연구. 학생생활연구, 23. 서울교육대학교 학생생활연구소, 65-89.

임경희, 조붕환(2004). 성, 학년, 지역에 따른 초등학생의 ADHD 출현율 조사 연구. 초등교육연구, 17, 235-260.

정선주(2001). 주의력결핍 과잉행동장애 평가척도에 대한 규준 연구: 교사 평정을 중심으로. 성신여자대학교 대학원 석사학위논문.

진동섭(2003). 학교 컨설팅. 서울: 학지사.

진동섭(2003b). 교원 전문성 신장을 위한 학교 지원 체제 구축 방안 연구. 서울대학교 대학원 석사학위논문.

한숙경(2002). 초등학교 상담의 활성화를 위한 과제: 전문상담교사의 역할 수행을 중심으로. 원광대학교 학생생활연구, 23.

Alderman, G. L., & Gimpel, G. A. (1996). The interaction between type of behavior problem and type of consultation: Teacher's preferences for professional assistance. *Journal of Educational and Psychological Consultation, 7,* 305-314.

American Psychiatric Association (1994). *Diagnostic and statisticalmanual of mental disorders* (4th ed.). Washington, DC: APA

Axelrod, S., Moyer, L., & Berry, B. (1990). Why teachers do not use behavior modification procedures. *Journal of Educational and Psychological Consultation, 1,* 309-320.

Baldwin, K., Brown, R. T., & Milan, M. A. (1995). Predictors of stress in caregivers of attention deficit hyperactivity disordered children. *The American Journal of Family Therapy, 23,* 149-160.

Barkley, R. A. (1990). *Attention deficit hyperactivity disorder: a handbook for diagnosis and treatment.* New York: The Guildford Press.

Barkley, R. A. (1997). *ADHD and the nature of self-control.* New York: Guilford Press.

Behring, S. T., Cabello, B., Kushida, D., & Murguia, A. (2000). Cultural modifications to current school-based consultation approaches reported by culturally diverse beginning consultants. *School Psychology Review, 29,* 354-367.

Biederman, J., & Faraone, S. V. (2002). Current concepts on the neurobiology of Attention deficit/hyperactivity disorder. *Journal of Attention Disorders, 6,* 7-16.

Biederman, J., Milberger, S., Faraone, S. V., Kiely, K., Guite, J., Mick, E., Ablon, S., Warburton, R., & Reed, E. (1995). Family-environment risk factors for attention deficit hyperactivity disorder: a test of Ratters indicators of adversity. *Archives of general psychiatry, 52,* 464-470.

Brown, D. (1993). Training consultants: A call to action. *Journal of Counseling and Development, 72,* 139-147.

Brown, D., & Others (1988). *Handbook of Consultation with Individuals and Small Groups.* ERIC Clearinghouse on Counselor Education and Supervision.

Campbell, S. B., Breaux, A. M., Ewing, L. J., & Szumowski, E. K. (1986). Correlates and predictors of hyperactivity and aggression: a longitudinal study of parent-referred problem preschoolers. *Journal of Abnormal Child Psychology, 12,* 217-234.

Caplan, G. (1970). *The Theory and Practice of Mental Health Consultation.* New York and London: Plenum Press.

Clarke, L., Ungerer, J., Chahoud, K., Johnson, S., & Stiefel, I. (2002). Attention deficit hyperactivity disorder is associated with attachment insecurity. *Clinical Child Psychology and*

Psychiatry, 7, 179-198.

Costenbader, V., & Swartz, J. (1992). Consultation in the schools: The relationship between preservice training, preception of consultative skills, and actual time spent in consultation. *School Psychology Review, 21*(1), 95-109.

Cunningham, C. E., & Boyle, M. H. (2002). Preschoolers at risk for attention-deficit hyperactivity disorder and oppositional defiant disorder: family, parenting, and behavioral correlates. *Journal of Abnormal Child Psychology, 30,* 555-569.

Deforest, P. A., & Hughes, J. N. (1992) Effect of teacher involvement and teacher self-efficacy on ratings of consultant effectiveness and intervention acceptability. *Journal of Educational and Psychological Consultation, 3*(4), 301-316.

DeWolfe, N. A., Byrne, J. M., & Bawden, H. N. (2000). ADHD in preschool children: parent-rated psychosocial correlates. *Developmental Medicine, 42,* 825-830.

Dougherty, A. (2000). *Consultation: Practice and perspectives* (3rd ed.). Pacific Grove, CA: Brooks/Cole.

DuPaul, G. J., & Stoner, G. (2003). *ADHD in the schools: Assessment and intervention strategies* (2nd ed.). New York: The Guilford Press.

Faraone, S. V., Biederman, J., Jetton, J. G., & Tusang, M. T. (1997). Attention deficit disorder and conduct disorder: longitudinal evidence for a familial subtype. *Psychological Medicine, 27,* 291-300.

Faraone, S. V., Biederman, J., Lehman, B. K., Spencer, T., Norman, D., Seidman, L. J., Kraus, I., Perrin, J., Chen, W. J., & Tsuang, M. T. (1993). Intellectual performance and school failure in children with attention deficit hyperactivity disorder and in their siblings. *Journal of Abnormal Psychology, 102,* 616-623.

Faraonea, S. V., & Biedermana, J. (1998). Neurobiology of attention-deficit hyperactivity disorder. *Biological Psychiatry, 44,* 951-958.

Finn, C. A., & Sladeczek, I. E. (2001). Assessing the social validity of behavioral interventions: A review of treatment acceptability measures. *School Psychology Quarterly, 16,* 176-206.

Freer, P. Watson, T. S. (1999). A comparison of parent and teacher acceptability ratings of behavioral and conjoint behavioral consultation. *School Psychology Review, 28,* 672-684.

Gallessich, J. (1982). *The profession and practice of consultation: A handbook for consultants, trainers of consultants, and consumers of consultation services.* San Francisco: Jossey-Bass.

Gibson, S., & Dembo, M. H. (1984). Teacher efficacy: a construct validation. *Journal of Educational Psychology, 76*(4), 569-582.

Gilliam, J. E. (1995). *Attention deficit hyperactivity disorder test - A method for identifying individual with ADHD: Examiner's manual.* Taxas: Pro-Ed.

Green, R. W., Beszterczey, S. K., Katzenstein, T. P., & Kenneth, G. J. (2002). Are students with ADHD more stressful to teach? *Journal of Emotional and Behavioral Disorders, 10,*

Gutkin, T. B., & Curtis, M. J. (1999). School-based consultation theory and practice: The art and science of indirect service delivery. In C. R. Reynolds, & T. B. Gutkin (Eds.), *The handbook of school psychology.* New York: John Willey & Sons, Inc.

Hansen, J. C., Himes, B. S., & Meier, S. (1990) *Consultation: Concepts and practices.* New Jersey: Printice Hall.

Hechtman, L. (2000). Assessment and diagnosis of attention-deficit/hyperactivity disorder. *Child and Adolescent Psychiatric Clinics of North America,* 9, 481-498.

Jensen, P. S. (2000). ADHD: current concepts on etiology, pathophysiology, and neurobiology. *Child and Adolescent Psychiatric Clinics of North America, 9,* 557-572.

Joseph, J. (2000). Not in their genes: a critical view of the genetics of attention-deficit hyperactivity disorder. *Developmental Review, 20,* 539-567.

Kampwirth, T. J. (2003). *Collaborative consultation in the schools.* New Jersey: Pearson Education, Inc.

Lindahl, K. M. (1998). Family process variables and childrens disruptive behavior problems. *Journal of Family Psychology, 12,* 420-436.

Maher, C. A., & Springer, J. (1989) School based counseling. In C. A. Maher, & J. E. Zins (Eds.), *Psychoeducational interventions in the schools.* Pergamon Press.

Mayers, J. (1995). A consultation model for school psychological services: Twenty years later. *Journal of Educational and Psychological Consultation, 6,* 73-81.

Medway, F. J., & Updyke, J. F. (1985). Meta-analysis of consultation outcome studies. *American Journal of Community Psychology, 13,* 489-505.

Niederhofer, H., Hackenberg, B., & Lanzendorfer, K. (2002). Family coherence and ADHD. *Psychological Reports, 91,* 123-126.

Pfiffner, L. J., Mcburnett, K., Lahey, B. B., Loeber, R., Green, S., Frick, P. J., & Rathouz, P. J. (1999). Association of parental psychopathology to the comorbid disorders of boy with attention deficit-hyperactivity disorder. *Journal of consulting and clinical psychology, 67,* 881-893.

Piersel, W. C., & Gutkin, F. B. (1983). Resistance to school-based consultation: A behavioral analysis of the problem. *Psychology in the Schools, 20,* 311-320.

Randolph, D. L., & Graun, K. (1988). Resistance to consultation: A synthesis for counselor-consultants, *Journal of Counseling and Development, 67,* 182-184.

Rappaport, G. C., Ornoy, A., & Tenebaum, A. (1998). Is early intervention effective in preventing ADHD? *Israel Journal of Psychiatry & Related Sciences, 35,* 271-279.

Resnick, R. J. (1998). Attention-deficit/hyperactivity disorder through the life span. In G. P. Koocher, J. C. Norcross, & S. S. Hill III (Eds.), *Psychologists desk reference* (pp. 39-41). New York: Oxford University Press.

Riccio, C. A., Hynd, G. W., Cohen, M. J., & Gonzalez, J. J. (1993). Neurological basis of attention deficit hyperactivity disorder. *Exceptional Children, 60,* 118-124.

Sandson, T. A., Bachna, K. J., & Morin, M. D. (2000). Right hemisphere dysfunction in ADHD: visual Demispatial inattention and clinical subtype. *Journal of Learning Disabilities, 33,* 83-94.

Schachar, R., & Tannock, R. (2002). Syndromes of hyperactivity and attention deficit. In M. Rutter, & E. Taylor, (Eds.), *Child and adolescent psychiatry* (pp. 399-418). Oxford: Blackwell Publishing Company.

Sciutto, M. J., Terjesen, M. D., & Frank, A. S. B. (2000) Teacher's knowledge and misperceptions of attention-deficit/hyperactivity disorders. *Psychology in the Schools, 37*(1), 115-122.

Shapiro, E. S., & DePaul, G. J. (1996). A school-based consultation program for servive delivery to middle school student with ADHD. *Journal of Emotional and Behavioral Disorders, 4,* 73-81.

Sheridan, S. M., Kratochwill, T. R., & Bergan, J. R. (1996). *Conjoint behavioral consultation*. New York: Plenum Press.

Sibley, S. (1986). A meta-analysis of school consultation research. Doctoral dissertation, Texas Woman's University, Denton.

Silver, L. B. (1990). Attention deficit-hyperactivity disorder: is it a learning disability or a related disorder? *Journal of Learning Disabilities, 23,* 394-397.

Smith, A. J., Brown, R. T., Bunke, V., Blount, R. L., & Chirstophersen, E. (2002). Psychosocial adjustment and peer competence of siblings of children with attention-deficit/hyperactivity disorder. *Journal of Attention Disorders, 5,* 165-177.

Sprich, S., Biederman, J., Crawford, M. H., Mundy, E., & Faraone, S. V. (2000). Adoptive and biological families of children and adolescents with ADHD. *Journal of the American Academy of Child and Adolescent Psychiatry, 39,* 1432-1437.

Taylor, J. F. (1990). *Helping your hyperactive children*. Rocklin, CA; Prima Publishing & Communications.

Thapar, A. (2003). Attention deficit hyperactivity disorder: new genetic findings, new directions. In R. Plomin, J. C. Defries, I. W. Craig, & P. McGuffin (Eds.), *Behavioral genetics in the postgenetic era*. Washington, DC: American Psychological Association.

The American Heritage Dictionary of the English Language (2000). Fourth Edition Houghton Mifflin Company.

Webster's Revised Unabridged Dictionary? 1996, 1998 MICRA, Inc.

Weinstein, C. H., Apfel, R. J., & Weinstein, S. R. (1998). Description of mothers with ADHD with children with ADHD. *Psychiatry, 61,* 12-19.

West, J. F., & Idol, L. (1987). School consultation (part I): An interdisciplinary perspective on theory, models, and research. *Journal of Learning Disabilities, 20,* 388-408.

Witt, J. C., & Martnes, B. K. (1983). Assessing the acceptability of behavioral interventions used in classroom. *Psychology in the Schools, 20,* 510-517.

Zins, J. E. (1993). Enhancing consultee problem-solving skills in consultative interactions. *Journal of Counseling and Development, 72,* 185-190.

Maher, C. A., & Springer, J. (1989). School based counseling. In C. A. Maher, & J. E. Zins (Eds.), *Psychoeducational interventions in the schools.* Pergamon Press.

| 찾아보기 |

인 명

김계현 12
김동일 18
김명훈 14
박성희 14
송현종 16
안현미 15
연문희 15
오성철 15
유형근 16
이영희 15
진동섭 12, 15, 35
한숙경 16

Alderman, G. L. 33
Axelrod, S. 47, 69

Behring, S. T. 71
Bergan, J. R. 16, 23, 34, 44, 47, 67, 68, 70
Berry, B. 47, 69
Brown, D. 17, 35

Caplan, G. 16, 40, 41, 42, 44
Costenbader, V. 17, 69
Curtis, M J. 17

Depaul, G. J. 34
Dougherty, A. 39

Gallessich, J. 23
Gimpel, G. A. 33
Graun K. 17, 34
Gutkin, F. B. 17, 34

Hansen, J. C. 16, 22, 23, 36, 39, 44, 49, 67
Himes, B. S. 16, 22, 23, 36, 39, 44, 49, 67

Idol, L. 21, 29, 30, 32, 33, 36, 39

Kampwirth, T. J. 16, 22, 33, 34, 39, 44, 47, 67, 69

Kratochwill, T. R. 16, 22, 34, 44, 47, 67, 68, 70

Medway, F. J. 32
Meier, S. 16, 22, 23, 36, 39, 44, 49, 67
Moyer, L. 47, 69

Piersel, W. C. 34

Randolph, D. L. 17, 34

Shapiro, E. S. 34
Sheridan, S. M. 16, 22, 34, 44, 47, 67, 68, 70
Sibley, S. 32
Swartz J. 17, 69

Updyke J. F. 32

West, J. F. 21, 29, 30, 32, 33, 36, 39

Zins, J. E. 30

내 용

ADHD 174

개입 100, 101, 118, 146
개입평가 103, 147
공동참여 행동주의 컨설테이션 69
과정 중심 모델 36
교수 모델 30
교육 및 훈련 모델 36
기초선 152, 164
기초선 자료 76
기초선 측정 93

내담자 19, 22, 32
내담자 중심 사례 컨설테이션 41
놀이치료 111

목표 행동 73
문제해결 모델 71
문제해결 전략 44
문제해결 중심 컨설테이션 67, 69
문제해결 중심 컨설테이션 모델 67
문제행동 72, 73

사전활동 49, 50

성향 49
순회전문상담교사 18
슈퍼바이저 27, 64
슈퍼바이지 27
슈퍼비전 27

예방적 목표 30
의학적 모델 36
일반적 모델 39

전문상담교사 18, 21
정신보건 32
정신보건 모델 36, 39
정신보건 컨설테이션 35
조직발달 32, 35
조직중심 모델 36
주장훈련 진단 112
중재 113, 114

초기 면접 51, 52
초기 면접 단계 51
치료적 목표 30
칭찬통장 102

컨설턴트 22, 23, 28, 33, 35, 40, 41, 42, 44, 46, 47, 50, 51, 52, 54, 60, 61, 62, 63, 64, 67, 68, 69, 71, 76
컨설테이션 9, 15, 16, 17, 18, 19, 22, 23, 24, 25, 27, 28, 30, 32, 33, 35, 41, 44, 50, 51, 52, 53, 54, 57, 60, 62, 63, 65, 69, 71, 72, 74, 81, 114, 174
컨설테이션 모델 16, 36, 69
컨설티 19, 22, 23, 24, 28, 29, 32, 34, 40, 42, 44, 45, 46, 47, 50, 51, 52, 53, 54, 57, 60, 61, 63, 64, 65, 67, 68, 69, 71, 76, 81, 83, 111, 113
컨설티 중심 사례 컨설테이션 41
컨설티 중심 행정적 컨설테이션 41
컨설팅 33

프로그램 중심 모델 36
프로그램 중심 행정적 컨설테이션 41

학교 컨설테이션 모델 33
학교 컨설팅 12, 17
학교상담 12
학교상담 전문가 24
행동적 용어 115
행동주의 32
행동주의 기법 69
행동주의 모델 36, 39, 69
행동주의 컨설테이션 69
행동주의 컨설테이션 모델 44, 45,

46, 69
행동주의 학습이론 44, 67
협력 29, 44
협력적 관계 51, 70, 72
협력적 모델 36
협력적 접근 45
협력적 컨설테이션 모델 29
협력적 컨설팅 모델 30

저자 소개

김동일

현재 서울대학교 사범대학 교육학과 교육상담전공, 대학원 특수교육전공 주임교수, BK21 역량기반 교육혁신연구사업단 참여교수로 재직하고 있다. 서울대학교 교육학과를 졸업하고 교육인적자원부 국비유학생으로 선발되어 미네소타대학교 교육심리학과에서 석사, 박사 학위를 취득한 후 Developmental Studies Center Research Associate, 한국청소년상담원 상담교수, 경인교육대학교 교육학과 교수를 역임하였다. 『학습부진영재아동』 『특수아동상담』 『학습장애아동의 이해와 교육』을 비롯하여 30여 권의 (공)저서가 있으며, 100여 편의 학술논문과 20여 편의 상담사례 논문을 발표하였다.

이명경

현재 한국집중력센터 소장으로 재직하고 있다. 서울대학교 사범대학 교육학과에서 석사, 박사 학위를 취득하였고, BK21 해외연수생으로 선발되어 Canada Simon Fraser University에서 관련 연구를 수행하였다. 다양한 교사집단과 함께 학교상담 컨설테이션을 실시하고 있다. 주요 저서인 『집중력이 내 아이의 인생을 결정한다』와 더불어 다수의 학술논문을 발표하였다.

상담학 Best Practice 시리즈-상담기법 영역 1

학교상담 컨설테이션

2008년 1월 10일 1판 1쇄 발행
2014년 3월 10일 1판 2쇄 발행

지은이 • 김동일 이명경 공저
펴낸이 • 김 진 환
펴낸곳 • (주) 학지사
121-838 서울특별시 마포구 양화로 15길 20 마인드월드빌딩 5층
대표전화 • 02) 330-5114 팩스 • 02) 324-2345
등록번호 • 제313-2006-000265호
홈페이지 • http://www.hakjisa.co.kr
커뮤니티 • http://cafe.naver.com/hakjisa

ISBN 978-89-5891-600-0 93180

정가 9,000원

저자와의 협약으로 인지는 생략합니다.
파본은 구입처에서 교환하여 드립니다.